古代战争

重现金戈铁马的史诗画卷

陈长连 / 著

台海出版社

序言

　　战争是历史的重要组成部分，也是历史发展变化过程中的重要节点，本书记录了从上古黄帝时期一直到清乾隆年间的一系列重要战争，力图向读者展现一部全面的中国古代战争史。

　　本书不注重对战争细节的刻画，而是致力于全面地介绍每一场战争，将着墨的重点放在战争前的局势以及战争的起因、经过、结果和战争所造成的影响上。书中提及的战争多涉及数次战役，如秦晋崤之战与后来的王官之战、新城之战紧密相连；清朝平定准噶尔之战更是历经康熙、雍正、乾隆三朝，时间跨度长达70余年。

　　之所以选择从遍观全局的角度描写战争，是希望读者能从中得出一些结论。孙权曾说："但当涉猎，见往事耳。"那么，"见往事"的目的又是什么呢？唐太宗曾说："夫以铜为镜，可以正衣冠；以古为镜，可以知兴替；以人为镜，可以明得失。朕常保此三镜，以防己过。"在纵观历史上的兴衰成败之后，读者应明白一些道理，至于这道理是什么，则因人而异，这一点大可不必强求一致。所以本书不会对读者进行单纯地说教，而是致力于启发读者自行思考。

　　由于上古时期的史料匮乏，史书中关于这一时期战争的记载，大多只寥寥数语，又颇具神话色彩，不同史料之间的记录亦大相径庭，甚至出现南辕北辙的情况。笔者力图根据不同史料的记录，全面还原上古时期的战争，希望读者在了解这部分战争的同时，可以博采众长，而非只听一家之言，所以读者在第一章中会看到很多关于交战双方的分析内容。

　　本书后面章节的内容中，也会涉及史料中有争议的部分，对于这部分内容，如果涉及战争的起因及性质，笔者会以史料为依据，做出适当的分析探讨。但如果只是关于战争发生的时间、地点以及参战人数等内容的争议，笔者可能会一笔带过或略过不提。

本书并不侧重人物的描写，但战争的主体是人，所以在这本书中，读者依然可以领略到古代名臣将相的风采，如武王作《牧誓》的坚决、项羽破釜沉舟的壮烈、霍去病封狼居胥的豪迈、周瑜火烧赤壁的英姿等。当然，战争毕竟是一件残酷的事，它绝不会只有光彩的一面，所以在本书中读者还会看到很多凄凉的场景，如夫差自刎时的悔恨、苻坚逃亡时的惊惧、岳飞撤军时的遗憾、陆秀夫跳海时的决绝等。

在中国五千年的历史长河中，发生过不计其数的、意义重大的战争，限于篇幅，不能在此一一详述，略有些遗憾。非常感谢本书的编辑及出版社同仁在本书创作及出版过程中的辛勤劳动，由于笔者"才"力有限，本书可能仍存在一些疏漏及不足之处，欢迎读者批评指正。

目　录
CONTENTS

第一章

奠定民族根基的上古战争

第二章

春秋战国筑基统一大业

第三章

大一统的秦汉基业

第四章

风起云涌的汉末三国混战

目　录
CONTENTS

第五章

两晋南北朝的大混战

第六章

隋唐五代的征伐之战

第七章

宋元多民族争霸战争

第八章

明清封建王朝的统一战争

第一章
奠定民族根基的上古战争

阪泉之战——华夏集团内部的争雄之战

阪泉之战，通常被认为是上古时期黄帝部落与炎帝部落之间进行的一场兼并战争，战争最终以黄帝获胜、炎帝归附而告终。此战也被认为是中华民族历史上的一次统一战争。但由于上古时期的史料极为匮乏，所以对于这场战争仍存在诸多争议，比如有人将其与逐鹿之战混同，认为这是黄帝部落与蚩尤部落之间的一场战争。

黄帝与炎帝

黄帝，姓公孙，名轩辕，号有熊，是有熊国国君少典的儿子（也有说法称少典乃诸侯国号，而非人名）。黄帝因居于轩辕之丘，所以也号轩辕氏，《左传》中则记载黄帝号帝鸿氏。《史记索隐》中称黄帝有土德之瑞，因土为黄色，所以号黄帝，如同神农氏有火德而称炎帝一样。《史记》中只提到黄帝为"少典之子"，没有说黄帝的母亲是谁，其他一些文献中记载黄帝的母亲名叫附宝，因在野外见到雷电绕北斗有感而生下黄帝。如《河图握枢》中载："黄帝名轩，北斗黄帝之精。母地祇之女附宝，之郊野，大电绕斗枢星耀，感附宝，生轩，胸文曰：'黄帝子'。"

还有一种说法认为，黄帝与炎帝本是同母所生，如《国语》中记载："昔少典娶于有蟜氏，生黄帝、炎帝。黄帝以姬水成，炎帝以姜水成。成而异德，故黄帝为姬，炎帝为姜。"若依此说，那么阪泉之战也可以算作部落内部的战争，甚至可以说是家族内战。当然，即便《国语》中的记载属实，我们仍可以将阪泉之战定义为部落之间的兼并战争，参考春秋时期诸侯国的情况，即便同出周王室，也可以分封为不同的诸侯国。那么，上古时期，同一兄弟自然也可以发展成不同的部落。

关于此事还有另一种说法，黄帝与炎帝并非兄弟，其母附宝与炎帝母家为同族，《帝王世纪》记载："黄帝，有熊氏少典之子，姬姓也。母曰附宝，其先即炎帝母家有蟜氏之女，世与少典氏婚，故《国语》兼称焉。"《三皇本纪》也有类似说法："炎帝神农氏，姜姓。母曰女登。有蟜氏之女。为少典妃。感神龙而生炎帝。"

依此说，则黄帝与炎帝虽非兄弟，两人之间还是有着血缘关系。《史记》中并无关于炎帝的详细记载，但其注解中提到炎帝身世之处颇多。通常认为炎帝号神农氏，又号朱襄氏，《吕氏春秋》中也提道："朱襄氏，古天子炎帝之别号。"

清　佚名　黄帝像

黄帝，中国古代部落联盟首领，五帝之首。

阪泉之战

关于阪泉之战的起因已不可考，《鹖冠子》中记载："黄帝年十岁，知神农之非而改其政。"黄帝与炎帝两人的政见不合，可能是战争的起因。不过，依《史记》中的记载，神农氏（此神农氏非炎帝）衰落，诸侯互相攻伐，百姓深受其害，神农氏无力征讨。黄帝训练士兵作战，讨伐不朝贡的诸侯，诸侯皆归顺。炎帝想要侵凌其他诸侯，于是诸侯纷纷归顺黄帝。黄帝广布恩德，修整士兵，调治五行，种植五谷，抚育百姓，丈量四方的土地，训练猛兽作战，之后与炎帝在阪泉之野交战，经过三次大战，击败炎帝，最终炎帝表示归附。《史记》中记载：

黄帝和炎帝的雕像

炎帝神農氏 姜姓人身牛首 火德王

清 徐扬 炎帝神农氏像

炎帝，中国上古时期姜姓部落首领尊称，号神农氏。相传炎帝牛首人身，他亲尝百草，开创用草药治病的先河。

明　仇英　帝王道统万年图

仇英的《帝王道统万年图》描绘了古代 20 位帝王明君，此图为黄帝。

此图年代不详，黄指的是轩辕黄帝，岐是他的臣子岐伯。相传黄帝常与岐伯、雷公等臣子坐而论道，探讨医学问题。

"三战，然后得其志。"

按照《史记》中的说法，神农氏与炎帝之间似乎应有所区别。当时的情形有些类似于春秋时期，周王室衰微，诸侯互相攻伐，神农氏类似周天子，黄帝则类似春秋时期的霸主，征讨不享，树立威望，而炎帝似乎也为其中一个诸侯。但《帝王世纪》中却记载："神农氏衰，黄帝修德化民，诸侯归之。黄帝于是乃扰驯猛兽，与神农氏战于阪泉之野。"那么依此所述，则阪泉之战的双方为黄帝和神农氏。两种记载中神农氏是否为炎帝则无法判断。

如此说来，阪泉之战无非两种性质，一是部落之间的兼并战争，二是新政权取代旧政权的战争。可以看出，黄帝在阪泉之战前进行了充分的准备工作。他征讨诸侯中的不朝贡者，树立自己的威望，而炎帝却想要欺凌其他诸侯，在大义上已输了一局，所以阪泉之战也就并非单纯的部落兼并战争，而是一场以义对不义的战争。

黄帝广施德政，播种五谷，安抚四方百姓，在后勤方面也做了充足的准备。他教士兵使用武器和盾牌作战，甚至还训练熊、罴、貔、貅、䝙、虎等猛兽作战，这一点颇有传奇色彩。有史学家分析这些猛兽名是黄帝为军队所起的名称，用来威吓敌人；还有人说这是其他部落的图腾。总之，黄帝在军事方面进行了充足的准备之后，才与炎帝开战。

史书中没有关于阪泉之战的具体描写，但根据现有史料推测，即便黄帝经过如此充分的准备，这场战争打得也并不轻松，否则不用经过三次战斗才降服炎帝。此战的交战地点阪泉究竟位于何处也还存在争议，皇甫谧说其在上谷；唐代地理著作《括地志》中记载："阪泉，今名黄帝泉，在妫州怀戎县东五十六里。出五里至涿鹿东北，与涿水合。又有涿鹿故城，在妫州东南五十里，本黄帝所都也。"除此以外，还有河北巨鹿、北京延庆、江苏彭城等说法。

阪泉之战的结果就是炎帝被打败后归附黄帝，两个部落的融合构成了后世华夏民族的雏形，这是从历史的角度来看。而阪泉之战更直接的结果，则是两个部落的融合大大增强了黄帝部落的实力，为之后黄帝部落在逐鹿之战中击败蚩尤部落奠定了坚实的基础。

逐鹿之战——原始部族间的征伐激战

涿鹿之战是黄帝部落与炎帝部落联合，与蚩尤部落进行的一场战争，其最后以蚩尤的战败身死而告终。

蚩尤的身份

关于蚩尤的身份，裴骃曾在《史记集解》中说："蚩尤，古天子。"《孔子三朝记》中说："蚩尤，庶人之贪者。"如此看来，蚩尤可能有两种身份，一是部落首领，二是平民。

除此以外，还有一些带有神话色彩的记载，如《述异记》记载："蚩尤氏耳鬓如剑戟，头有角，与轩辕斗，以角牛氏人，人不能向。"《归藏·启筮》记载："蚩尤出自羊水，八肱八趾疏首。"

明 石锐 轩辕问道图

此图描述的是上古时有位仙人广成子隐居崆峒山，轩辕氏黄帝听说他的道行高深，前往拜访。

按照《史记》中的记载，蚩尤应是神农氏末期的一个诸侯。轩辕氏征伐不朝贡的诸侯，其他诸侯纷纷归顺黄帝，只有蚩尤最为残暴，没有人能征讨他。《史记》中记载："而蚩尤最为暴，莫能伐。"需要注意的是，这里的"莫能伐"很可能包括轩辕在内，所有诸侯都无力讨伐蚩尤。因为当时黄帝正"讨不享，诸侯宾从"。而这个时候，偏偏蚩尤"莫能伐"，可见当时蚩尤部落的实力很可能强于黄帝部落。阪泉之战后，黄帝部落与炎帝部落联合，才具备了与蚩尤部落一战的能力。

战争起因

涿鹿之战的起因也有很多说法，《逸周书》中说是蚩尤驱逐炎帝，炎帝向黄帝求助，于是"执蚩尤，杀之于中冀，以甲兵释怒"。《龙鱼河图》中记载，蚩尤造兵仗刀戟，威震天下，滥杀无辜，不仁慈，黄帝无法用仁义感化他，所以只能用武力对其进行征讨。但这本书中的记载亦多有神话色彩，如说蚩尤"兽身人语、铜头铁额、食沙石子"等。

《史记》中关于涿鹿之战的起因，倒是有明确的说法："蚩尤作乱，不用帝命。于是黄帝乃征师诸侯，与蚩尤战于涿鹿之野，遂擒杀蚩尤。"可见，蚩尤因不服从命令，才引来黄帝的征讨。

这里有一个细节值得注意，"不用帝命"中的"帝"到底指的是谁？《史记》的记载似乎有些前后矛盾，在杀死蚩尤之前，《史记》中提到黄帝时均称

明　郭诩　人物图册　　此图描绘的是神农氏尝百草。

为"轩辕"，与炎帝阪泉之战时即是如此。第一次将轩辕称为"黄帝"就是这句"黄帝乃征师诸侯"，意思是说黄帝向诸侯征集军队讨伐蚩尤，但《史记》中在"擒杀蚩尤"之后却又记载"而诸侯咸尊轩辕为天子，代神农氏，是为黄帝"。也就是说，很有可能轩辕是在杀死蚩尤之后，才被诸侯尊为黄帝的，那么之前所说的"不用帝命"，就不是不听黄帝的命令，因为那时轩辕还未称黄帝。

　　依当时的情况来看，蚩尤应是不听从神农氏的命令，《逸周书》中采取的就是这种说法，"神农氏十世罔榆，欲增长而德行衰……帝德不能驭蚩尤……逐帝而居于涿鹿，兴封禅，号炎帝。而十世神农莫能伐，乃求之于轩辕"。还有一种可能，"帝"只是当时诸侯的一种称谓，并非天子专属，如炎帝在当时也称"帝"，蚩尤不服从的是黄帝的命令，《史记》的注解中也提到过这种说

010

法："正义言蚩尤不用黄帝之命也。"但若依此说，则蚩尤与黄帝均为诸侯，是同等身份，蚩尤为何要奉黄帝号令？

之所要搞清楚这个"帝命"，是因为其涉及战争性质的问题，如果蚩尤不服从神农氏的命令，黄帝及其他诸侯对其进行讨伐，名正言顺；如果蚩尤不服从的是黄帝的命令，则合情合理，那么黄帝在涿鹿之战中并无大义的名分，这场战争也没有正义与不义之分，只是一场胜者为王的兼并战争而已。

纵观史书，蚩尤被讨伐的理由至多是"暴"而已，至于其如何"为暴"，

明　仇英　帝王道统万年图

此图色调以青绿重彩为主，间或掺用泥金勾边，画面鲜艳而华丽，图中端坐的人物是神农氏。

《史记》中并无记载。《龙鱼河图》中说蚩尤"诛杀无道，不仁慈"，但其书中内容多荒诞不经，未必可信。

逐鹿之战

《史记》中并未记载涿鹿之战的过程，但其他一些书籍中却有描述，《山海经·大荒北经》记载："蚩尤作兵伐黄帝，黄帝乃令应龙攻之冀州之野。应龙蓄水，蚩尤请风伯、雨师，纵大风雨。黄帝乃下天女曰魃，雨止，遂杀蚩尤。"

在这段记载中，涿鹿之战攻守双方的位置发生了变化，变成了蚩尤带兵讨伐黄帝，其内容也多神话色彩。按照科学的解释，"蓄水"一说可以理解为应龙根据地形，采取水攻的方法；风伯、雨师可以理解为蚩尤军中熟悉天气的职官；天女魃或是黄帝军中熟悉天气的人员。除此之外，还有涿鹿之战中蚩尤降大雾弥漫三天三夜，黄帝之臣风后在北斗星的启示下，发明了指南车，最终走出迷雾的记载。《龙鱼河图》中还有玄女授黄帝兵信神符的记载。大概是这些说法都不太可信，所以司马迁在编写《史记》时均未采用。

涿鹿之战的结果就是蚩尤战败被杀，黄帝取代神农氏被尊为天子。黄帝消灭了最大的反对力量，以黄帝和炎帝为首的华夏集团占据了广阔的中原大地，随后天下凡是有不服从的势力，黄帝都去征讨。他穿山开路，甚至没有休息的时候，最终形成了以华夏民族为主体的文化圈子，为后世以汉文化为主体的中华文明的建立奠定了基础。

《龙鱼河图》中记载，蚩尤死后，天下再度扰乱，黄帝画蚩尤的图像威慑天下，人们见了之后以为蚩尤不死，于是"八方万邦皆为弭服"。这种说法广为流传，但可信度并不高，无论蚩尤如何善战，黄帝击败蚩尤，就证明自己比蚩尤更加强大，一个统治者怎会借手下败将的形象去威吓别人臣服？

举个例子：楚汉之争中刘邦击败项羽建立汉朝，之后分封的诸侯多有反叛，这个时候刘邦不去征讨叛军，难道要借项羽善战的名气，用项羽的画像去震慑叛军，让人以为项羽未死吗？这么做岂不更召祸乱？一个真正想叛乱的人又怎会因一幅已故之人的画像就变得安分？《龙鱼河图》中的说法既不符合人情，也不符合事理，读者应细思之。

甘之战——世袭王权确立之战

甘之战是夏后氏部落的首领启与有扈氏部落之间进行的一场战争，最后以启的胜利而告终。

夏后氏的王权之争

舜让位给禹后，禹继天子位，国号夏后。《史记》中记载，禹临终前，将天下让给益。益曾辅佐大禹治水，据说他还发明了凿井技术，《玉篇》中记载："穿地取水，伯益造之。"《吕氏春秋》和《淮南子》中也有"伯益作井"的记载。在禹的三年丧期之后，益将天下让给启，自己则跑到箕山的南面隐居。

启是个很贤明的人，天下人都希望他来做天子。当初大禹死的时候，益辅佐禹的日子尚短，人心还未归附于益，所以诸侯都去朝见启，并说："我们的君王是帝禹的儿子。"其言外之意即不承认益是他们的君王，于是启就登上了天子之位。

《史记》中并无益和启之间争夺天子之位的记载，而是益主动将天子之位让于启。《韩非子》中则记载："禹爱益而任天下于益，已而以启人为吏。及老，而以启为不足任天下，故传天下于益，而势重尽在启也。已而启与友党攻益而夺之天下。"可见，禹认为启的才能不足以担当天下大任，而将天子之位传与益，启与他的同党发动叛乱，从益手中夺取了天子之位。《竹书纪年》中则记载，益继位之后拘禁了启，启发动反叛，将益杀死，继承了禹的天子之位。

《春秋左传》中记载，启在取得天子之位后，在钧台宴请各个部落首领，有扈氏不服，没有出席这次会盟。所以启讨伐有扈氏，双方在甘这个地方展开大战。不过，《史记》没有关于钧台之宴的具体记载，只说："有扈氏不服，

清 佚名 舜

传说中父系氏族社会后期部落联盟领袖，为东夷族群的代表。

清 佚名 启

禹的儿子，夏朝的第二任君王。

启伐之，大战于甘。"可以确定的是，有扈氏确实不服从启的统治，至于为什么不服，《史记》中没有提及，但一般均认为与启继承天子之位有关。

当时传承天子之位的方法是禅让制，而启是禹的儿子，更何况禹并没有将帝位传给启，而是传给了益，启得位不正，天下诸侯不服从也在情理之中。这还是按照《史记》中的说法，益将天子之位让给启所得出的结论；如果按照《韩非子》等史料中的记载，启发动叛乱从益手中强行夺取了天子之位，那么诸侯不服就更正常不过了。

其实，启的天子之位是益主动让出的也好，抑或启主动夺取的也罢，这种传承都打破了之前帝位继承的传统。在中国历史上，启继承天子之位是非常重要的历史事件，它标志着帝位的传承由禅让制变成了世袭制，从此开始了夏王朝"家天下"的传承。

甘之战

有扈氏是当时一个比较强大的部落，《吕氏春秋》等史料中记载，禹也曾因"政教不行"讨伐过有扈氏。在开战前，他还作了一篇《禹誓》，向天下表明，自己今日与有扈氏决一死战，并非贪图有扈氏的土地，而是要代上天去惩罚有扈氏。

虽然动员工作做得很到位，但禹讨伐有扈氏的战争可能并未取得预期的效果。《说苑》

明　仇英　帝王道统万年图

此图绘君王夏启接受百官朝拜的情景。

中记载："昔禹与有扈氏战，三陈而不服，禹于是修教一年，而有扈氏请服。"可以看出，有扈氏是一个很顽强且桀骜不驯的部落，即使被击败了三次，仍试图反抗，禹见武力征讨达不到目的，便改修政教，于是有扈氏才臣服。

如此看来，大禹死后，有扈氏不服也符合其性格特点，就连大禹这种有功于天下的人都只是令有扈氏勉强归服，更何况一个得位不正的启呢？其实，此时启的威望与大禹相去甚远，以有扈氏的作风，不服从启的统治也在情理之中，其反叛可能与启获得天子之位的方式并无关联，《史记》并未记载有扈氏拒绝参加钩台会盟的事情，不知是否出于这一点考虑？

启决定讨伐有扈氏之后，双方在甘这个地方展开大战。关于"甘"具体位于何处，目前尚无法确定，《索隐》中记载："夏启所伐，鄠南有甘亭。"此外，还有甘位于陕西户县、河南原阳、河南原武一带等多种说法。

在开战之前，启召集军队首领，向他们作出训诫，这篇训诫被称为《甘誓》。《史记》将这篇《甘誓》完整地记录下来，其大意是说有扈氏违反天命，不修政教，自己代上天讨伐有扈氏。在誓言中，启还命令六军听从指挥，各司其职。遵守命令的，将给予赏赐；不遵守命令的，全家都会受到惩罚。

《史记》中没有记载甘之战的过程，只说启灭掉了有扈氏。但《吕氏春秋》中却记载这一战以启的战败告终："与有扈氏战于甘泽而不胜。"随后启进行了自我反省，他曾说：我的土地并非不广，人民并非不多，但作战却不能获胜，一定是我德行不够的原因。于是启开始修政教，"亲亲长长，尊贤使能"，一年之后，有扈氏归服。

《吕氏春秋》中关于启伐有扈氏的记载，与《说苑》中禹讨伐有扈氏的记载有些雷同，都是武力征讨未果之后，改修德政，然后才令有扈氏臣服，其臣服的时间竟然也一样，都是在对方修德政一年之后。或许，《说苑》和《吕氏春秋》将禹伐有扈氏和启伐有扈氏的记载混淆也未可知，二者的说法都不见于《史记》。

虽然史书关于甘之战给出了两种截然不同的结果，但其最终结局却是一致的，不管获胜的是启还是有扈氏，最终得益的都是启，有扈氏或是被消灭，或是臣服。《史记》中还记载，在启消灭有扈氏之后，天下诸侯都来朝见。可见，启通过对有扈氏的讨伐，巩固了自己的统治。

清 谢遂 仿唐人大禹治水图

《仿唐人大禹治水图》是清朝的谢遂奉乾隆皇帝之命仿照唐人的图轴所绘，图中描绘了大禹治水的情景。

由于无法确定启是如何取得天子之位的，也无法确定有扈氏不服从启的原因，所以甘之战中究竟哪一方才是正义的，也无法确定。《淮南子》中说"有扈氏为义而亡"，认为有扈氏处于道义的一方。成王败寇并非我们判断历史事件的依据，即使启真如《史记》中所说是被益让与天子之位，他依然破坏了帝位禅让的传统，因他是禹之子。如果说这是益心甘情愿让贤明的启去继位，启的得位情有可原的话，那么启将天子之位授予自己的儿子太康又做何解释呢？太康并非贤能之人，他最终还失去了自己的国家，这算不算对启得位不正的报应呢？

鸣条之战——商汤灭夏之战

鸣条之战是商灭夏战争的一部分，它导致夏朝灭亡，国君桀被流放，汤登上天子之位，建立商朝。

桀与汤

当夏朝传到帝桀之时，诸侯多有背叛，桀不修德政而滥用武力，百姓不堪忍受。《史记》中评价夏桀只有"虐政荒淫"四字，其他一些古籍中则记载了夏桀耗费民力，大兴土木，筑宫室、瑶台；还有说夏桀宠爱妹喜，整日饮酒作乐，以致亡国。

《史记》中没有关于妹喜的记载，《国语》《太平御览》中均曾提及妹喜，但内容却不尽相同。《国语》中说夏桀讨伐一个叫有施的部落，有施将妹喜送给夏桀，妹喜与伊尹合作灭亡夏朝。在这个说法中，妹喜似乎是一个间谍类的角色。而《太平御览》中则说夏桀伐岷山，得到两个美女，因此冷落原来的妻子妹喜，妹喜心怀怨恨，于是与伊尹联合，灭亡了夏朝。

在这两种记载中，妹喜虽然出身不同，但最终都参与灭亡夏朝的行动，并与伊尹联合。伊尹是汤的臣子，在辅佐汤灭夏的过程中发挥了重要作用。这两种记载中之所以都提到伊尹，可能与《古本竹书纪年辑证》中的记载"十七年，商使伊尹来朝"有关。

据说，汤灭夏之前，曾派伊尹以朝贡的名义去夏朝王都，探听夏朝虚实。如果妹喜要与伊尹联合，可能就是在这个时候，妹喜将宫中的虚实透露给了伊尹。此行之后，伊尹认为夏朝在诸侯中仍有威望，他建议汤继续积聚力量，等待时机，汤也听从了他的建议。

商汤像

商汤是契的第十四代孙，商朝的开国君主。

汤为灭夏的战争进行着各种准备，努力实行德政。一次，他在野外见到猎人设网捕猎，猎人在四个方向都设了网，汤命其撤掉其中的三张，并说："想去左边的可以去左边，想去右边的可以去右边，只有不听命令的才落入我的网中。"诸侯听说这件事后，都称赞汤的仁德，就连鸟兽都能受到他的恩惠。另一方面，汤也在逐步建立自己的威望，诸侯葛伯不按时祭祀，汤于是征讨他，并说："人看着水就能照见自己的形象，看见百姓就能知道治理的情况。"此外，他还作了《汤征》，警告那些不受命的诸侯。

夏桀二十二年，商汤朝见桀，桀将其囚禁在夏台。《史记》中没有说明桀囚禁汤的原因，可能是汤征伐诸侯、建立威望引起了夏桀的警惕。《战国策》中记载，汤想要讨伐夏桀，伊尹建议汤先拒绝朝贡，以对其进行试探，结果夏桀大怒，召九夷的军队讨伐汤，于是汤入朝谢罪，不知汤被囚是否与此事有关。

后来夏桀又将汤释放，有说伊尹等人搜罗珍宝、美女献给夏桀，夏桀才释放汤，这种说法与商纣王囚禁西伯姬昌极为相似，不知是否为后人附会。也可能如《战国策》中记载，汤谢罪之后，夏桀便将其释放。不管此事的起因如何，但桀囚禁汤却又将其释放的行为大失人心，《太平御览》中记载："诸侯由是叛桀附汤，同日贡职者五百国。"

诸侯昆吾氏作乱，汤率领诸侯前去讨伐，按照《史记》中的记载，这一战可以说是汤灭

清　佚名　帝鉴图说
彩绘本

图中所绘为商汤解网施
仁，惠及禽兽的故事。

清　佚名　帝鉴图说
彩绘本

图中所绘为商汤桑林祷雨
的故事。成汤之时，岁久
不雨，天下大旱，成汤说
"宁可降灾于我一身，不
可使百姓们受厄"，最终
感动上天，降下大雨。

夏的前奏，因为汤讨伐昆吾氏之后，紧接着就征讨了夏桀。但史书关于此事亦有不同说法，有说韦、顾和昆吾等诸侯国忠于夏朝，与汤为敌，汤在灭夏之前，先剪灭了这三个诸侯国，以削弱夏桀的实力。

《古本竹书纪年辑证》："遂征韦，商师取韦，遂征顾。"《诗·商颂》中也有"韦顾既伐，昆吾夏桀"的诗句。然而这种说法与《史记》中的记载相矛盾，当时夏桀为天子，昆吾氏作乱，自然是与夏朝为敌，也就不可能忠于夏朝。大概韦、顾、昆吾等诸侯国，与之前汤征讨的葛伯一样，都是不朝贡的诸侯国，所以遭到汤的讨伐。

鸣条之战

汤在伐昆吾之后，率领诸侯讨伐夏桀。他在景亳这个地方召开誓师大会，《古本竹书纪年辑证》中记载："商会诸侯于景亳。"汤向全军发表讲话，他历数夏朝的罪过，并引用民众的话，将夏桀比作太阳，说："这个太阳什么时候灭亡？我们宁愿与你同归于尽。"他还饬令军队听从号令，否则会遭到惩罚，绝不宽恕。

汤的这番讲话被称作《汤誓》，被《史记》收录。随后汤与桀的军队在有娀的旧址展开大战，夏桀不敌，逃奔到鸣条，夏朝军队溃败，夏桀最终被流放而死，他曾说："我真后悔没在夏台将汤杀死，才落到今天这个地步。"

《史记》中没有说夏桀被流放到哪儿及死于何处，但《尚书·商书·仲虺之诰》中记载："成汤放桀于南巢。"《荀子·解蔽》中记载："桀死于亭山。"《史记》中记载，鸣条之战后，汤还讨伐了三朡，并获得了那里的宝玉。有说夏桀曾逃到三朡的，但《史记》中并未记录此事，夏桀被流放究竟是在汤攻打三朡之前还是之后，尚不清楚，但最终结果都是一样的。

汤在鸣条之战击败夏朝军队，流放了夏朝国君桀，诸侯都归顺了汤，汤也登上天子之位。鸣条之战以汤的获胜终结了夏王朝的统治，开创了一个新的王朝——商朝。从更深的意义上看，商汤灭夏对后来的历史还产生了一个重要影响：之前帝位传承的方式是禅让制和世袭制，商汤开创了以武力驱逐君主获得天子之位的模式，从此被后人效仿。

但需要注意的是，夏桀无道，商汤有德，汤灭夏是以有道伐无道，可后世的乱臣贼子想要实现自己夺取天下的野心，竟也用商汤灭夏的事来为自己寻找理论支持，不得不说，这也是商汤灭夏给后世带来的负面影响，这只怕是商汤、伊尹等人没有想到的。

明　仇英　帝王道统万年图

此图是仇英描绘商汤解网施仁的过程，画工细腻，色彩明丽。

牧野之战——武王伐纣的决胜战

牧野之战是周武王姬发率领诸侯联军讨伐商纣王帝辛的一场战争，最终以武王为首的诸侯联军获胜，纣王自焚而死，商朝灭亡，武王姬发建立了周朝。

帝辛失德，武王伐纣

纣王帝辛继位的时候，殷商的国势已经很衰落了，帝辛聪明善辩，身材高大，勇力过人。但他自高自大，不听从别人的劝谏，喜欢喝酒淫乐，宠信妲己，对其言听计从。他还聚集天下的粮食钱财，修建宫囿园林，并收集各种奇珍异宝充入其中。帝辛还蓄酒为池，悬肉为林，让男女裸体在里面互相追逐，通宵作乐。

天下百姓对纣王十分怨恨，诸侯也多有反叛，纣王于是加重刑法，创立了很多残酷的刑罚，如炮烙之刑。他任用小人，杀死劝谏他的鄂侯。西伯姬昌听说此事后，暗自叹息。崇黑虎得知此事后，向纣王报告，并对纣王说西伯行善积德，诸侯都倾向他，这对您十分不利。纣王于是将西伯囚禁。

西伯的臣子搜罗了许多珍宝、美女献给纣王，纣王才将西伯释放。西伯归国后，继续行善，诸侯多背叛纣王归附西伯。西伯先后征讨犬戎、密须、耆国（也有史料中称饥国），纣王的一个臣子十分恐惧，向纣王报告，纣王则认为自己有天命庇护，对此置之不理。后来西伯病死，他的儿子姬发继位，是为周武王。在太公望、周公等人的辅佐下，武王继承西伯的事业。

在继位后的第二年，武王在毕这个地方祭祀文王，并向东检阅军队，一直到达孟津。他制成文王的牌位，用车装载在军中，以示奉文王的命令征伐，不敢自专。有800个诸侯不约而同地前来与武王会盟，诸侯们认为讨伐纣王的时

明　仇英　帝王道统万年图

图中描绘周武王向箕子咨询天下大势。

法　禄是道　中国民间信仰研究·纣王像

机已到，但武王却对他们说："你们不知道天命，现在还不行。"于是班师。

之后纣王的行为愈发荒淫，微子离他而去，比干被杀，箕子被囚禁，殷商的太师、少师带着祭器和乐器逃到了周国。武王认为讨伐纣王的时机已到，于是起兵伐纣。武王率军在孟津与诸侯会师，作《太誓》，宣告纣王的罪行，指责他听信妇人之言，自绝于天，疏远兄弟，废弃先祖之乐，自己代上天讨伐纣王，并勉励众人：这样的机会不会再有第二次、第三次了。

次年二月，武王来到商朝郊外的牧野誓师，他再次数说纣王的罪行，并与众人宣誓英勇作战，共同进退，不杀降人，不出力的人将被处死。这次宣誓被后人称为《牧誓》。

牧野之战

关于牧野之战的细节，史书中的记载众说纷纭。《史记》中说，纣王调集70万军队来抵抗，也有文献记载说是17万；还有说商朝军队的主力此时正与东夷作战，纣王调集的只是一些奴隶、俘虏等。

史料中曾记载文王时"天下三分，其二归周"，按理，周的军队数量应多于商才对。《史记》中记载，武王将要伐纣，带领虎贲3000人、甲士45000人、战车300辆，向东进攻，之后与诸侯的军队在孟津会盟。可见，武王手中的军队不过5万左右。《史记》中未提及前来会盟的诸侯有多少军队，只提到武王在牧野宣誓之后，前来会合的诸侯有战车4000辆。

我们尚不清楚当年车战时军队的配置情况，但粗略以武王的军力来看，其麾下48000人配300辆战车，那么平均每辆战车配160人，诸侯共4000辆战车，其兵力总数大概在64万左右，如果再加上武王麾下的48000人，那么牧野之战中武王一方联军的总数在68.8万人左右，纣王调集70万军队与其对抗也在情理之中，当然这种分析方法未必符合当时的情形。

后世有些人夸大武王在牧野之战中的功绩，认为武王以5万之众击溃纣王70万大军，这是不太可能的。历史上以少胜多的战役，大多借助天时、地利，采取合适的战术才能成功。而此时战争还是早期的车战，交战双方在空旷之地摆明车马对战，在这种作战方式下，后世那些令人眼花缭乱的战术几乎没有发挥的空间。影响战争结果的，无非人心向背和士兵作战的勇敢程度而已。先不说纣王面对 5 万军队有没有必要调动 70 万大军来抗衡，在摆明车马对阵、无需计谋战术的情况下，5 万人想赢 70 万人就难如登天。

《史记》中记载，牧野之战开始后，武王命尚父带领数百人前去挑战，自己率领大军进攻纣王的军队。纣王的军队全无战意，反而临阵倒戈，帮助武王开路。纣王见大势已去，逃到鹿台，穿上宝玉衣服，自焚而死。诸侯皆朝拜武王，商朝的百姓也到郊外迎接武王。

《逸周书·世俘解》中记载，牧野之战中被杀死的商朝人有 18 万之多，被掳为奴隶的有 33 万。周人还在商人的国土上大肆捕猎，仅在武王名下就有 1 万多头猎物。周人还掠夺了大量珠宝财物，仅佩玉就达到 18 万块。

这段记载似乎与武王在《牧誓》中所说的"不御克奔（即不杀来投降的人）"不符，也与长久以来武王"仁义之师"的形象不合。在《尚书》的记载中，牧野之战打得十分惨烈，可以用"血流漂橹"来形容，意思是血流成河，连木制的长杆兵器都漂了起来。

孟子对此表示怀疑，并说："尽信书，则不如无书。吾于武成，取二三策而已矣。仁人无敌于天下，以至仁伐至不仁，而何其血之流杵也？"此处的"书"指的就是《尚书》，意思是孟子对《尚书》中《武成》这一篇文字，只相信其中的二三页而已，他认为武王仁义无敌，何至于杀到血流漂杵呢？孟子的话有一定道理，既然纣王的军队临阵倒戈，商朝百姓又欢迎武王，武王还在战前立下不杀降者的誓言，又怎会杀到血流漂橹呢？

管蔡之乱

牧野之战后，武王处死妲己，释放被囚的箕子，修整比干的坟墓，对百姓爱戴的贤者商容进行表彰，将纣王的儿子武庚封在商朝旧地，并将商朝的遗民交给他管理，派自己的弟弟管叔鲜和蔡叔度辅佐武庚。随后武王登上天子之位，大封功臣。

武王将自己的弟弟管叔、蔡叔和霍叔封在武庚所在的周边地区，用来监视武庚，史书中也将其称为"三监"。武王病逝后，其子诵继位，是为成王。由于成王年少，所以由周公旦代天子主持国政。管叔、蔡叔对此不满，联合武庚和东夷部落发动叛乱，这场叛乱被后世称为"三监之乱""武庚之乱""管蔡之乱"。周公奉成王的命令带兵征讨，经过三年平定叛乱，杀死管叔和武庚，流放蔡叔，以微子代替武庚来管理商朝后裔。

牧野之战只消除了商朝的核心力量，天下还有很多商朝的残余势力，"武庚之乱"就是周灭商战争的余波。平定武庚之乱后，为了加强对东方的控制，周公建议成王将国都迁到洛邑。随后，为了控制天下，周朝大封王室与功臣，建立 71 个诸侯国来拱卫周王室，这些措施巩固了周王朝的统治，也使得周朝进入了一段稳定的发展时期，史称"成康之治"。

清　佚名　纣王与白猿

图中描绘的弹琴者为伯邑考，为了打动纣王，伯邑考将白面猿猴送给他，纣王旁穿红衣者为妲己。

第二章 春秋战国筑基统一大业

长勺之战——曹刿论战胜强齐

长勺之战是春秋时期齐国和鲁国之间进行的一场战役，是继干时之战后，两国间的又一场"重磅较量"，最终以鲁国获胜宣告结束。

齐鲁恩怨

齐、鲁两国之间的恩怨由来已久。鲁桓公的夫人是春秋时著名的美人文姜，文姜是齐襄公的妹妹，在文姜嫁给鲁桓公之前，兄妹两人就曾经私通。鲁桓公十八年（公元前694年），鲁桓公与夫人文姜出访齐国，文姜再次与齐襄公私通。鲁桓公知道后怒斥文姜，文姜将此事告知齐襄公，于是襄公命人将鲁桓公杀死，鲁桓公的儿子姬同继位，是为鲁庄公。

齐襄公在位时荒淫无道，诛杀无当，他的弟弟们为了避祸，纷纷逃往国外，公子纠在管仲的辅佐下逃到鲁国，公子小白在鲍叔牙的辅佐下逃到莒国。后来，公孙无知等人作乱，杀死齐襄公，自立为君。没过多久，大夫雍廪杀死公孙无知，齐国商议新国君的人选，公子纠和公子小白皆回国争夺国君之位。鲁庄公亲自护送公子纠回国，并派管仲带人截击公子小白，管仲一箭射中小白衣带上的挂钩，小白装死躲过一劫，随后兼程赶路。而公子纠以为小白已死，便放慢了回国的脚步。最终，小白抢先回到齐国，继任国君，是为齐桓公。

齐桓公继位后，对鲁国发动进攻，双方在干时展开大战。鲁国战败，鲁庄公狼狈而逃。之后，齐国勒令鲁国杀死公子纠、交出管仲，鲁庄公被迫同意，两国恩怨越结越深。

曹刿论战

　　干时之战结束后的第二年春（公元前684年），齐桓公派鲍叔牙再次领兵攻打鲁国。此时鲁国上下还处于干时之战失败的阴影中，举国上下十分恐慌，平民曹刿主动求见鲁庄公，询问鲁庄公凭借什么可以与齐国交战。

　　关于鲁庄公的回答，《左传》中记载，鲁庄公回答说："衣食所安，弗敢专也，必以分人。""牺牲玉帛，弗敢加也，必以信。"《国语》中则记载："公曰：'余不爱衣食于民，不爱牲玉于神。'"

　　两种记载内容不同，但意思相近，可曹刿认为这些都是小恩小惠，既无法让民众归附，也不能让神灵赐福，他认为只有从根本上树立德行，才能令民心归附，民心归附了，神灵才能降福。鲁庄公随后又说："在处理案件时，虽然不能一一明察，但也会根据情理来判断。"《左传》中记载，曹刿听了之后，认为凭这一点可以与齐国作战，并请求跟随鲁庄公出战。《国语》中记载得更详细，曹刿说："这就可以了。假如内心确实为百姓考虑，智慧即使有所不及，也一定能达到目的。"

　　由于之前在干时之战中的胜利，齐军上下都轻视鲁国军队，鲁军撤退到适合反攻的地点长勺后，与齐军对峙。鲁庄公采纳曹刿的建议，待齐军三次击鼓气势衰竭

明　冯梦龙　东周列国志

图中描绘的女子为齐桓公的侍妾晏娥儿，最终为齐桓公而死。

之后，才下令击鼓进军，结果鲁国军队大胜齐军。曹刿制止了想要下达追击命令的鲁庄公，在详细观察齐军撤退痕迹，确定齐军真的败退后才同意追击。鲁军将齐军逐出边境，并俘获了大量兵甲辎重。

长勺之战鲁国的胜利得益于以下四点：一是鲁庄公的善政，令鲁国即使处于干时之战失败的阴影下，仍能团结一心，抵抗齐军。二是鲁庄公的知人善任，虚怀纳谏。由于史料记载不全，我们无法得知曹刿当时处于何等地位，但既非"肉食者"，其地位应当不高，鲁庄公在作战中能两次听取这样一个人的意见，可谓十分难得。三是曹刿在战争中采取了合适的战术，令敌军疲敝，后发制人，一举成功。四是齐军骄傲轻敌的作战心态也为自己的战败埋下伏笔。

战火未息

长勺之战并未缓和齐、鲁两国之间的矛盾，反而令其愈演愈烈，还将战火燃烧到其他诸侯国。在长勺之战结束后，同年六月，齐国联合宋国，再次进攻鲁国。鲁国军队在乘丘击败宋军。齐军见宋军战败，只好退兵。第二年（公元前683年），宋国为报乘丘战败之耻，再度挥师攻打鲁国。鲁国军队则趁宋军还未摆开阵势时，再度将其击败。

两年之后（公元前681年），齐桓公再度攻打鲁国，鲁国军队三战三败，鲁庄公被迫割地求和。齐国和鲁国在柯这个地方举行会盟，在会盟中，鲁国将领曹沫劫持齐桓公，令其归还被侵占的鲁国土地。齐桓公被迫同意，但后来又想反悔。管仲认为这会失信于诸侯，天下人就不会再帮助齐国了，齐桓公只得接纳管仲的意见，将占领的鲁国土地归还。

诸侯们听说这件事，都认为齐桓公言而有信，皆欲归附齐国。两年后（公元前679年），齐桓公在鄄地与诸侯会盟，各国诸侯推举齐桓公为盟主，齐桓公成为春秋时期第一位霸主。

泓水之战——楚成王进击中原

公元前643年，齐桓公去世，齐国发生内乱，宋国国君宋襄公率领宋国、卫国、曹国、邾国四国军队将公子昭送回齐国，接任国君，是为齐孝公。但之后齐国发生叛乱，公子昭逃亡，宋襄公率领军队攻打齐国叛军，将齐国的反对势力肃清，公子昭再度君临齐国，此举令宋襄公闻名诸侯。或许，宋襄公正是从此时萌生了野心，妄图成为像齐桓公一样的霸主。

宋与楚的霸主之争

齐国经过一系列内乱之后，国力衰退，无复齐桓公时的威势。此时，楚国的国力正处于上升时期，楚国国君楚成王长期与齐桓公争夺霸主之位，齐桓公死后，楚成王与宋襄公对霸主之位展开争夺，双方矛盾重重。

公元前641年，宋襄公邀曹、邾两国在曹南会盟。同年冬天，陈、蔡、楚、郑等国在齐国结盟。从此，诸侯国中形成了两大势力。可以看出，宋国一方的势力明显偏弱，其盟国只有曹、邾、卫等小国。

齐桓公死后，宋襄公想要模仿齐桓公会盟诸侯。公元前639年春，宋襄公在鹿上与齐国和楚国国君举行会盟，并请求楚国邀请其他诸侯国参加会盟，楚君同意。

《史记索隐》中记载："然襄公始求诸侯于楚，楚才许之，计未合至女阴鹿上。"宋襄公似乎在鹿上会盟之前就曾请求楚国联络诸侯会盟，但还未来得及实现，襄公就急于举行鹿上会盟。宋国的公子目夷劝谏宋襄公说："宋国是小国，勉强争夺霸主，会招来祸患。"宋襄公不听，同年秋，在盂地举行会盟。公子目夷说道："灾祸会由此产生吧，国君的欲望太过分了，大国怎么能受得

明 冯梦龙 东周列国志

图中描绘的是楚成王夫人郑瞀的故事，郑瞀有自己的原则和主见，得到了楚成王的尊重和喜爱。

了他呢？"宋襄公以盟主的姿态传召楚成王参加会盟，楚成王大怒，说道："我将假装用好的态度参加会盟，然后再找机会羞辱他。"

由于事先约定好会盟的时候不带军队，所以宋襄公拒绝了公子目夷让其带军队以防万一的建议，轻车简从赴会。此时，楚国的军队早已做好埋伏，在会盟中抓住宋襄公并将其囚禁。同年冬，诸侯在亳举行会谈，在鲁僖公的调解下，楚国释放了被囚的宋襄公，宋襄公与楚国之间积怨更深。对此，公子目夷评价说："祸患还未结束。"

泓水之战

次年（公元前638年），郑国国君郑文公朝见楚国，宋襄公对此大为不满，起兵讨伐宋国。公子目夷说："灾祸就在这里了。"郑国向楚国求救，楚王派大将成得臣领兵进攻宋国，宋襄公从郑国撤军，双方军队在泓水相遇。

公子目夷认为上天已抛弃商朝很久了（宋国是商朝后裔的封地），劝宋襄公不要与楚军交战，宋襄公不听。楚军渡河未济，目夷建议趁机进攻，宋襄公又不听。目夷又建议趁楚军渡河后阵型未整之际进攻，宋襄公还是不听。楚军列阵完毕后，双方开战，宋军大败，宋襄公的腿也受了伤。宋国的人都埋怨宋襄公，宋襄公却说："君子不乘人之危，不能在对方还没列好阵型的时候进攻。"公子目夷反驳说："作战的目的就是要获胜，何必墨守成规？如果按您所说，直接投降就算了，何必交战呢？"

泓水之战以宋国的失败而告终，这场战争的规模虽不大，但影响却不小：一方面，宋国的国力自此衰落，再无法迈入春秋强国之列；另一方面，泓水之战标志着商周以来"成列而鼓""礼义之兵"的作战方式已不再适合当时的战争，战争已逐渐向诡诈奇谋的方向转变，还拘泥于古时战争法则的人会被人耻笑。这虽然是战术的进步，却是道德的后退，《淮南子》中评价说："于古为义，于今为笑，古之所以为荣者，今之所以为辱也。"

经过此战，楚国声威大震，其扩张的脚步几乎无人能挡，直到晋楚城濮之战时，才遭到遏制。

晋宋交好

泓水之战结束后，宋襄公到行宫中养伤。同年，晋公子重耳（即后来的晋文公）流亡时经过宋国，宋国大司马公孙固与重耳关系很好，他向宋襄公述说重耳的贤能，并建议宋襄公礼遇重耳。宋襄公也想借晋国的力量来抗衡楚国，于是用隆重的礼仪招待重耳，并送给他很多礼物。次年（公元前637年），宋襄公因泓水之战的伤势发作病逝。

宋襄公恐怕没有想到，他这次交好重耳，竟在其死后多次挽救宋国的危机。公元前633年，楚成王带领诸侯国包围宋国，公孙固向晋国求助，晋国名将先轸对晋文公说道："报答宋襄公当年的恩义，就在今天。"于是晋文公派兵援宋，在向卫国借道遭到拒绝后，晋国军队绕路，入侵依附楚国的曹国和卫国。第二年，楚军围困宋国，宋国再度向晋国告急，晋文公采纳先轸的建议，将曹国和卫国的土地分给宋国，楚国急于救援曹国和卫国，于是退兵。但宋楚之战的余波并没有因此结束，它还将引发一场更大的战争。

城濮之战——晋楚中原争霸

城濮之战是春秋时期晋国与楚国之间展开的一场争霸战争，以晋国的胜利而告终。这场战争阻滞了楚国对外扩张的步伐，为晋国崛起以及晋文公的称霸奠定了基础。

晋楚之争

齐桓公死后，齐国由于内乱而国力衰退；宋国在泓水之战中败于楚国，一蹶不振；秦国地处西陲，无力干涉中原纷争。在中原大地上，只有晋、楚两国国力蒸蒸日上，不断对外扩张。双方都想争夺中原地区的霸主地位，产生矛盾是迟早的事。

公元前 633 年，楚国带领诸侯国攻打宋国，宋国向晋国求救，晋国出兵援宋，这场战争成为晋楚城濮之战的导火索。

收到宋国的求救后，晋国重臣狐偃分析，楚国刚得到曹国，又与卫国联姻，如果讨伐曹、卫，楚国一定会派兵救援，如此一来，宋国就可以免于灾难了。于是晋国派兵攻打曹国和卫国，卫国人赶走卫成公讨好晋国，随后晋军也攻占了曹国的都城。

此时，楚军围困宋国，宋国再度遣使到晋国求助。晋文公曾受过宋襄公和楚成王的恩惠，不救援宋国，会损害自己的威信；救援宋国，但又不想与楚国开战。同时，晋文公还顾忌齐国和秦国的态度。

先轸向晋文公献计，让宋国请齐国和秦国向楚国求情，请其撤兵，然后分割曹、卫两国的土地给宋国，以激怒楚国。楚国必会因此拒绝齐国和秦国的说情而招致两国的怨恨。同时，楚国急于营救曹、卫两国，自然会撤去对宋国的围困。晋文公采纳了先轸的建议，楚成王果然命令楚国将领子玉退兵。

城濮之战

子玉，芈姓，成氏，名得臣，字子玉，是楚国令尹子文的弟弟，曾在泓水之战中带领楚军击败宋国军队。《左传》中记载，子文因自己年事已高，将令尹之位让给弟弟子玉，楚国的司马蒍吕臣表示反对，子文则理直气壮地称此举是为国家的利益考虑。

后来，子玉曾举行阅兵，司马蒍吕臣的儿子蒍贾在观看阅兵之后评价子玉："刚而无礼，不可以治民。过三百乘，其不能以入矣。"意思是说子玉性格急躁，既不适合治民，也不善于用兵，如带兵超过300乘，非打败仗不可。

子玉在收到楚成王撤兵的命令后，认为晋文公此举是轻视楚成王的表现，请求讨伐晋国。楚成王认为晋文公的崛起势不可挡，不许。子玉固执请战，并派人对楚成王说："我不敢说一定能立功，只是想要堵住那些小人之口而已。"楚成王很生气，只给了他很少的兵马。

子玉派人通知晋文公，以从宋国退兵为条件，请晋文公恢复卫成公的君位，并归还曹国的土地。晋文公采纳先轸的建议，扣留了子玉派去的使者以激怒楚军，私下答应曹国和卫国恢复他们的土地，但令其与楚国绝交。子玉闻讯大怒，派兵进攻晋国的军队，晋国的军队不断后退。晋国军吏不明所以，晋文公解释道："当年流亡楚国时，受到楚君的礼遇，我曾答应对方，将来若是晋楚两国交战，晋军会后退三舍（三舍即九十里），我怎能违背自己的承诺呢？"楚国的军队想要停止追击，子玉不肯。

四月，晋、宋、齐、秦等国的军队驻扎在城濮，子玉也率领楚、陈、蔡、郑等国的联军据险扎营，双方互相对峙。在约定好交战日期之后，双方列阵：晋军一方分为上、中、下三路军队，楚军一方也分为左、中、右三军。楚军的右翼是陈国和蔡国军队组成的联军，战力较弱。战争开始后，晋军的下军猛攻楚军右翼，陈、蔡两国的军队很快溃败。同时，晋军的上军佯装败退，子玉果然上当，没有理会右翼的溃败，令楚军左翼趁机进攻，结果遭到晋军上军和中军的围攻，因此落败。子玉见楚军的左右两翼均落败，只得下令停止进攻，率

清 冷枚 养正图册

图中描绘的是晋文公伐楚的故事。

残兵退出战场，城濮之战以晋军的胜利告终。

回顾城濮之战中晋楚双方的情形，成败之机显而易见。在作战准备方面，晋国君臣上下团结，晋文公虚怀纳谏，多次采纳先轸、狐偃等人的建议。反观楚军，子玉与楚王不合，楚军想要停止追击时，子玉反对，其君与将之间、将与兵之间相互龃龉。在外交方面，晋国成功用计策令齐、秦两国与楚国离心，又令曹、卫两国断绝与楚国的联系。在战略方面，晋文公退避三舍的策略，一方面向天下人展示自己的信义，另一方面令楚军产生骄傲轻敌的思想，子玉甚至在战前狂妄地宣称："从此以后再无晋国。"在军事方面，晋军采用合适的进攻策略，先击溃陈、蔡联军，随后引诱楚军左翼冒进，再将其包围击溃，令子玉虽手握中军，却无计可施。

文公称霸

城濮之战阻滞了楚国北扩的步伐，直接促成了晋文公的称霸。战争结束后，晋文公在践土为周襄王修筑行宫。五月，晋文公又在践土将楚国的战俘献给周襄王。周襄王令王子虎任命晋文公为霸主，并赐给他大辂车、红色和黑色的弓矢、美酒、玉勺等物，晋文公三次揖让之后稽首接受。周襄公作《晋文侯命》。同年冬，晋文公以周天子的名义召集诸侯在践土举行会盟。

楚国方面，据《史记》中记载，子玉被楚成王诛杀。但《左传》中的说法则略有不同："王使谓之曰：'大夫若入，其若申、息之老何？'……及连谷而死。"楚成王派使者责备子玉，子玉在连谷自尽而亡。

城濮之败虽令楚国北上受阻，但只是偏师之败，并未对楚国国力造成致命损害。楚国转而经略东方，在之后的数十年间，晋、楚两国对郑国展开长期争夺，双方先后在公元前600年爆发柳棼之战，在公元前599年爆发颖北之战，楚军两战接连败北。公元前597年，双方爆发邲之战，又称"两棠之役"，楚国击败晋国，奠定了楚庄王的霸主地位。多年之后，双方又爆发鄢陵之战，楚军战败，楚国北进之路再度受阻，晋国又一次称霸中原。

崤之战——秦晋不再好

秦晋两国之间的恩怨纠缠由来已久，两国曾多次通过联姻来增强彼此之间的关系，史称"秦晋之好"。但从后来的情况看，这种联姻对巩固两国之间的关系收效甚微，双方都曾有背信弃义之举。

秦晋联姻

公元前 656 年，秦穆公为拉拢晋国，迎娶晋献公的女儿。后来晋献公的妃子骊姬祸乱晋国，太子申生自杀，晋献公的另外两个儿子夷吾和重耳逃往国外。夷吾以割河西之地给秦国为条件，换取秦穆公的支持，回国登上王位，是为晋惠公。然而，晋惠公继位之后却拒绝履行割地的承诺，并在国内诛杀大夫。

几年后，晋国发生饥荒，晋惠公向秦国请求购买粮食，秦穆公不计前嫌，派大量船只从秦国都城运粮到晋国。这是中国历史上第一次有明确记载的内陆河道水上运输事件，史称"泛舟之役"。次年，秦国发生饥荒，秦穆公向晋国请求购买粮食，但晋惠公不仅不卖粮给秦国，还趁机发兵攻打秦国，结果战败被俘。但没多久又被秦穆公释放回国，晋惠公将自己的儿子太子圉送到秦国做人质，秦穆公将自己的女儿怀嬴嫁给太子圉，双方再次联姻。后来晋惠公病重，太子圉担心王位旁落，于是偷偷从秦国逃回晋国，继位为王，是为晋怀公。

秦穆公对晋怀公的行为大为恼怒，改为拥立重耳为王，并将怀嬴嫁给重耳。重耳回到晋国登上王位，是为晋文公，晋怀公随即也被晋文公杀死，秦晋两国在之后的几年中维持了短暂的和平。公元前 630 年，秦、晋两国出兵郑国，在郑国人烛之武的劝说下，秦国单方面与郑国缔结盟约后退兵，并留下杞子等人协助守卫郑国，晋国军队只得撤退，秦、晋两国之间产生嫌隙。

南宋　李唐　晋文公复国图（局部）

　　公元前 628 年，晋文公和郑文公先后去世，戍守晋国的杞子向秦穆公称已掌握郑国城防，如与秦军里应外合，可灭掉郑国。这一提议正符合秦穆公多年以来将秦国向东扩张的夙愿。于是，秦穆公不顾大臣反对，执意攻打郑国。然而，秦都城与郑国都城之间相隔 1500 余里，其中要经过数道险关。《左传》中记载，秦军在经过周都城时，王孙满在观看秦军行为后对周王说："秦师轻而无礼，必败。"他认为军队轻狂就会缺少谋略；没有礼貌就不知道谨慎行事；军队深入敌境却不谨慎，又无谋略，怎能不败？

　　秦军在行至滑国时，遇到郑国的商人弦高，弦高很轻易地便察觉到了秦军攻打郑国的意图。弦高十分聪明，他一方面以郑国国君的名义犒劳秦军，另一方面派人通知郑国国君郑穆公。郑穆公经过调查，发现了杞子等人的不轨行径，于是请他们离开郑国，杞子等人纷纷外逃。秦军将领见计划败露，只得撤军，在走之前还消灭了滑国。

及郑郑文公不禮焉叔詹諫曰閒天之所
啓人弗及也晉公子有三焉天或啓之將建諸
君其禮焉男女同姓其生不蕃晉公子姬出也
而至于今也離外之患而天不靖晉國殆將啓
㩁之二也有三士足以上人而從之三㮾之皆
同儕其過乎滎國將禮焉沈天之所啓乎鄔臍

崤之战

在晋国朝堂上,对于如何处理秦国攻打郑国一事产生了巨大分歧。但最终,以重臣先轸为首的主战派占了上风,他认为秦国君臣相左,劳师远征,是击败秦军的天赐良机,若放任不管,会给子孙后代留下祸患。《左传》中记载,先轸说:"秦不哀吾丧,而伐吾同姓,秦则无礼,何施之为?"晋襄公采纳了先轸的建议,联合姜戎在崤函地区的崤山一带设伏。晋襄公身着丧服,亲自指挥晋军作战。秦军陷入包围,一败涂地,三位主帅孟明视、西乞术、白乙丙全部被俘。但是,在晋襄公嫡母、文公夫人怀嬴的劝说下,晋襄公又将三人释放回国。秦穆公着素服到城外迎接三位将领,并将战败的责任揽到自己身上,勉励三人发奋雪耻。

崤之战的爆发以秦、晋攻郑之战为前因,以晋、宋两国国君大丧为导火索,但在这之外还有更深层次的原因。秦国和晋国都是春秋时期的大国，两国国土接壤；秦穆公和晋文公都是春秋时期的霸主，晋襄公继晋文公之后继续称霸，两国之间产生矛盾是必然的，这是历史大势，任何人都无法阻挡，所谓"秦晋之好"的联姻亦是如此。在国家利益面前，一国国君尚可更换，更何况是国君的妻子呢？

秦晋长期交恶

崤之战对于秦、晋两国乃至整个天下都具有重大影响，秦、晋两国的关系由结盟转向对立，秦国转而与楚国结盟，共同围剿晋国，秦晋双方展开了长达数十年的征战。

在崤之战结束后不到两年（公元前 625 年），秦国为报崤之战的败北之耻，派孟明视率军进攻晋国，但晋国早有防备，双方在彭衙交战，秦军再次战败。

公元前 624 年，秦穆公御驾亲征，与孟明视再度攻打晋国。孟明视渡过黄河之后下令焚毁船只，以激励将士，秦军终于战胜晋军，占领了晋国的王官及郫，晋人闭城不出。秦穆公带着秦国军队来到崤山，掩埋崤之战中战死的秦军士兵尸骨，发丧三日，并作誓："嗟士卒！听无哗，余誓告汝。古之人谋黄发番番，则无所过。"秦军虽在王官之战中获胜，但并未与晋军主力交战，其孤军深入，无法持久，只得退兵。此战后，秦穆公将战略重心转移至西方，《史记》中记载："并国二十，遂霸西戎。"

王官之战的次年（公元前 623 年），晋国为报复王官之战的失败，出兵占领了秦国新城，史称"新城之战"。至此，崤之战的余波方才告一段落。公元前 621 年，两大霸主秦穆公和晋襄公去世，两国的新任君王又展开了新的争霸战争。

吴破楚入郢之战——晋楚争霸余波

吴破楚入郢之战是吴、楚两国为争夺江淮地区控制权，展开的一场战争。战争之初吴国占尽优势，楚国虽在秦国的帮助下一度挽回局势，但最终依然不敌吴国。

楚国的危局

吴国是周朝的王族诸侯国，位于长江下游地区，《史记》中记载："周武王克殷，求太伯、仲雍之后，得周章。周章已君吴，因而封之。"春秋中后期，吴国逐渐强大起来，这就不可避免地与南方霸主楚国产生矛盾。双方在数十年间曾多次交战，其中有十次规模较大的战争，吴国全胜六次，楚国仅全胜一次，还有三次双方互有胜负。可以看出，在吴、楚争霸中，楚国已居于劣势。

公元前546年，以晋、楚两国为首的14个诸侯国举行弭兵会盟，晋、楚两国平分霸权，双方争斗暂息，晋国转而扶持东南方的吴国与楚国抗衡。

公元前516年，楚平王去世，继位的楚昭王年幼，令尹子常执政，他贪婪残暴，诛杀大夫，使楚国政局陷入混乱。公元前510年，唐国国君唐成公和蔡国国君蔡昭侯朝见楚王，子常向二人索贿不成，于是向楚昭王进谗言，将二人囚禁在楚国三年，直到唐国和蔡国派人将礼物送到后，才将二人释放回国。蔡昭侯回国后发誓雪耻，将儿子送往晋国为质，请求晋国出兵伐楚。

公元前506年春，晋国召集中原18个国家的诸侯，先后于召陵和皋鼬举行会盟，商议讨伐楚国。晋国国卿荀寅向蔡昭侯索贿被拒，于是向晋大夫范献子进谗言，认为伐楚既无益于晋，也无益于范氏。范献子为了拉拢荀寅，同意了他的意见，结果令会盟不了了之。

同年夏，因楚国的盟国沈国未参加召陵会盟，晋国指使蔡国消灭了沈国。楚昭王因此大怒，秋季，楚国出兵包围蔡国。因吴国和楚国长年交战，蔡昭侯于是将自己的儿子和蔡国大夫的儿子送到吴国做人质，请求吴国出兵攻打楚国。《左传》中记载："楚自昭王即位，无岁不有吴师。蔡侯因之，以其子乾与其大夫之子为质于吴。"

伐楚的前奏

吴国方面，公元前515年，吴王僚趁楚平王逝世，派弟弟公子掩余、烛庸出兵伐楚。同年，吴国公子光派专诸将吴王僚刺杀，公子光登上王位，是为吴王阖闾。公子掩余和烛庸听闻吴王僚被刺杀，分别逃到了依附于楚国的两个小国——徐国和钟吾国，吴国以此为借口灭掉了徐国和钟吾国，公子掩余和烛庸又逃到了楚国，楚昭王将他们封在舒邑。

公子光即位后，选贤任能，虚怀纳谏，在吴国进行了一系列改革，增强了吴国的经济实力。他任用孙武和伍子胥训练吴国军队，为攻打楚国积蓄力量。经过三年的发展，吴国兵精粮足，士气高涨。

公元前512年，阖闾与伍子胥、伯嚭进攻楚国舒邑，杀死了逃亡的公子掩余和烛庸二人。阖闾想要继续攻打楚国都城，但孙武认为此时吴国连灭两国，民众已经疲惫，应等待时机。《史记》中记载："光谋欲入郢，将军孙武曰：'民劳，未可，待之。'"伍子胥也认为吴军此时人马疲劳，不宜远征，他向阖闾提出三分其师、轮番攻楚的建议，采取袭扰的策略，连年出兵，以消耗楚国国力，阖闾采纳了他的建议。

公元前511年，吴军再度攻楚，夺取了楚国的六邑和潜邑。

公元前510年，为破楚国联越制吴的策略，吴国出兵攻打越国，击败越国军队，消

吴司马孙武像

中国春秋时期著名的军事家、政治家，被誉为"百世兵家之师""东方兵学的鼻祖"。

除了伐楚的后顾之忧。

公元前508年，在吴国的蓄意引诱下，楚国令尹子常率军进攻吴国，结果在豫章被吴军大败，吴军攻取楚国居巢而还。

吴楚大战

公元前506年，阖闾想要再次伐楚。他征求孙武和伍子胥的意见，二人均认为伐楚的时机已到，但须联合唐国和蔡国方可。此时唐、蔡两国亦与楚国交恶，于是阖闾亲自挂帅，以孙武和伍子胥为将、胞弟夫概为先锋，举全国之力，联合唐国和蔡国一起攻打楚国。

楚令尹子常闻讯后，只得放弃对蔡国的围攻，转而迎战吴军。孙武和伍子胥采取奇袭策略，深入楚国腹地。子常为了争功，放弃了夹击吴军的策略，擅自率军出战，结果三战三败。双方最终在柏举展开对峙，吴军先锋夫概率先出击，楚军溃败奔逃，之后又被吴军追击，近半数士兵被吴军俘获。吴军五战五胜，直逼楚国都城郢。楚昭王不听臣子劝告，外逃到随国，楚军大乱，吴军随即攻入楚都。

吴军在占领楚都郢后，军纪涣散，大肆奸淫掳掠，乐而忘返。伍子胥掘楚平王之墓，鞭尸复仇。吴王阖闾听信伍

日本　月冈芳年　月百姿

此图描绘的是伍子胥藏匿淮水的情景。

子胥之言，不顾孙武劝告，焚毁楚国宗庙，搬走了楚国的宝器典章。

楚臣申包胥向秦国求救，他在秦廷痛哭七日七夜，不饮不食。秦哀公大为感动，说道："楚王虽残暴，但有这样的臣子，怎能不保存楚国呢？"他为申包胥作《无衣》，并下令发兵援楚。

秦楚联军击败夫概率领的吴军前锋，灭亡了唐国，随后与吴军交战，双方互有胜负。此时，越王允常见吴国国内空虚，起兵攻吴。夫概见秦、越两国军队接连击败吴军，于是偷偷回国自立为王。《史记》中记载："阖庐弟夫概见秦、越交败吴，吴王留楚不去，夫概亡归吴而自立为吴王。"但《左传》中说他在沂战败后畏惧处罚，所以才自立为王。阖闾见吴国后方起火，只得率军返回吴国，击败夫概。战败的夫概为了活命，只得又逃到了楚国。

公元前504年，阖闾派太子夫差进攻楚国，攻取了楚国的番邑。楚迁都于郢，但仍将都城命名为郢，以示不忘本之意，吴楚之争至此告一段落。吴国从此声威大震，阖闾亦成为春秋时期的霸主。然而，吴楚之战引发的余波并未就此平息，它将很快开启另一场春秋争霸大战。

槜李之战——吴越争霸战开端

槜李之战是吴国与越国之间进行的一场战争，吴王阖闾趁越王允常去世之机，对越国发动战争，越王勾践率兵抵抗，最终击败吴军。

吴越恩怨

越国是夏、商、周时期位于中国东南方的诸侯国，其先祖是大禹后裔。越国与吴国相邻，位于吴国之南。双方的地理位置决定了两国在发展壮大到一定程度之后，必然会展开争霸战争。

吴国想要进入中原，必须先解决越国这一后顾之忧；越国想要北上中原，也必须先占领吴国，打通北进之路。据《勾践灭吴》一文记载，伍子胥在评价吴越两国关系时曾说："夫吴之与越也，仇雠敌战之国也。三江环之，民无所移。有吴则无越，有越则无吴，将不可改于是矣。"另一方面，晋国为牵制楚国，大力扶持吴国；楚国为了对付吴国，又大力扶持越国，如此，吴、越两国便不可避免地卷入了中原大国的争霸战之中。

公元前586年，吴王寿梦继位，吴国开始崛起，吴国国君开始称为"吴王"。《史记》中记载："寿梦立而吴始益大，称王。"吴国与楚国多次交战，征服了很多楚国的附庸国，《左传》中记载："蛮夷属于楚者，吴尽取之。"越国也在吴国征服的附庸国之中，从此成为吴国的附庸国。

公元前510年，因越国拒绝随同吴国攻打楚国，吴王阖闾遂出兵攻打越国。《左传》中记载："夏，吴伐越，始用师于越也。"杜预在此作注："自此之前，虽扭事小争，未尝用大兵。"可以看出，此战之前，吴、越之间并未发生大规模战事。吴、越两国随后在槜李交战（此时双方国君为吴王阖闾与越王允

明 佚名 范蠡像

范蠡曾献策扶助越王勾践复国，兴越灭吴，后隐去。

常），越国战败。吴国虽胜，但其进犯盟国的霸道做法并未获得当时舆论的认可，晋国史官蔡墨在评价此事时说："不及四十年，越其有吴乎。越得岁而吴伐之，必受其凶。"吴越的恩怨自此越结越深。

檇李之战

公元前505年，吴军在攻入楚国都城郢之后，沉迷享乐，不思进取，滞留楚国不归。越王允常为报复五年前战败的耻辱，兴兵伐吴。此时，吴国大军在前线被秦军击败，吴王阖闾的弟弟夫概归国自立，阖闾遂率吴军回国平定内乱。此时的吴国正处于鼎盛时期，越国虽有小胜，但仍无损吴国国力，吴、越之间从此开始对立。

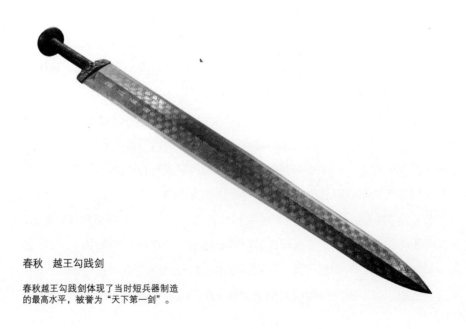

春秋 越王勾践剑

春秋越王勾践剑体现了当时短兵器制造的最高水平，被誉为"天下第一剑"。

公元前 497 年，越王允常去世，其子勾践继位，吴王阖闾趁机出兵攻打越国，双方在槜李交战（此时双方国君为吴王阖闾与越王勾践）。越王勾践见吴军阵势严整，越军数次进攻均无功而返，于是下令死囚持剑在吴兵面前自杀。此举令吴军大为震撼，越军趁机发动攻势，大败吴军，吴王阖闾被越国大夫灵姑浮用戈击伤，在回国途中因伤重去世，阖闾在临终前嘱咐其子夫差不要忘了杀父之仇。

吴王夫差继位后，加紧训练士兵，思报杀父之仇，并一雪吴国战败之耻。越王勾践听闻此事后，不顾范蠡的劝阻，于公元前 494 年，即槜李之战两年后，率先发动对吴国的进攻。双方在夫椒开战，越军战败，只剩 5000 余人退守会稽山，被吴军包围。

勾践采纳大夫范蠡、文种的建议，以美女、财宝贿赂吴太宰伯嚭，请其劝吴王夫差以勾践入吴为臣做条件，准许越国附属于吴。伍子胥力劝夫差回绝对方，他对吴王说：“天以越赐吴，勿许也。”并认为：“勾践为人能辛苦，今不灭，后必悔之。”但此时的夫差急于北上与齐国争锋，不顾伍子胥的劝说，与越国结盟后罢兵而去，此举为吴国的灭亡埋下隐患。

勾践灭吴

公元前 492 年，勾践等人入吴为臣。夫差命勾践夫妇住在阖闾墓前的石屋中，并让勾践为其喂马驾车。两年后，夫差认为勾践已真心归附吴国，于是将其赦免并释放归国。勾践回国后卧薪尝胆，对内富国强兵，对外煽动吴王大兴宫室、沉迷美色，离间吴国君臣，还怂恿吴王北上与齐、鲁争霸。

公元前 489 年，吴王夫差趁齐景公去世、齐国内乱之际出兵攻齐，在艾陵大破齐兵。公元前 487 年，吴国出兵攻打鲁国，之后又于公元前 486 年和公元前 485 年两度出兵攻打齐国。

公元前 482 年春，吴王率军在黄池与中原诸侯举行会盟，吴国的霸业至此到达顶点。此时吴国国内只剩下老弱病残留守，越王勾践趁机起兵伐吴，《史记》中记载：“勾践复问范蠡，蠡曰：‘可矣。’乃发习流二千人、教士四万人、君子六千人、诸御千人，伐吴。吴师败，遂杀吴太子。”

清　赫达资　丽珠萃秀册

相传西施在河边浣纱时，鱼儿看见她的倒影，忘记了游水，渐渐地沉到河底。从此，西施这个"沉鱼"的代称，就流传开来了。

五代十国　周文矩　西子浣纱图

此作描绘的是西施在桃花溪边浣纱的场景。

吴军战败的消息传来时，吴王夫差正与晋定公争夺盟主之位，夫差为避免诸侯们听到这个消息，竟将传讯的人斩杀。最终，吴王还是没能争过晋定公，认其为长。吴王还想借机讨伐宋国，被太宰阻止，随后领兵回国。此时吴国士兵疲乏，吴王于是遣使向越国求和，勾践也自度尚无法消灭吴国主力，于是与吴国媾和。

公元前478年，吴国遭遇旱灾，越王勾践接受文种的建议，趁机伐吴。双方在笠泽对峙，越军以两翼佯攻，中军趁夜潜渡，大败吴军，创造了中国战争史上较早的河川进攻的成功战例。吴军之后三战三败，从此吴、越之间的实力对比发生根本转变，越国开始占据优势。

公元前475年，越军进攻吴国都城。公元前473年，吴王夫差求和不成，自尽身亡，越国随后攻灭吴国，吴越之争结束。之后越王勾践北上与齐、晋诸侯会合，向周王室进献贡品。周元王派人赏赐祭祀肉给勾践，称他为"伯"。《史记》中记载："当是时，越兵横行于江、淮东，诸侯毕贺，号称霸王。"越王勾践成为春秋时期最后一位霸主。

马陵之战——齐魏争王之战

马陵之战是齐、魏两国军队之间进行的一场战争，是我国战争史上设伏歼敌的经典战役。经此一战，魏国元气大伤，失去了原有的霸主地位。

战国乱局

春秋时期的混乱与动荡，不只改变了国与国之间的力量对比，也使各国国内的权力结构不断发生变化。作为中原大国的晋国，其国君的权力逐渐下移到大夫手中，其中韩、赵、魏、智、范、中行氏六卿的权力最大。后来经过互相兼并，只剩赵、魏、韩三家。

公元前403年，周威烈王将三家列卿封为诸侯，司马光在《资治通鉴》中将这一事件作为春秋与战国的分界。公元前376年，韩、赵、魏三家废掉晋景公，随后瓜分了晋国的土地，史称"三家分晋"。

魏国地处中央四战之地，与赵、韩、卫、宋、楚、秦、齐等多国接壤，环境复杂。魏文侯时，魏国率先实行变法改革，一跃成为战国时期的强国，并先后击败秦、齐、楚等强国，逐渐呈现出霸主气象。

曾是春秋时期霸主的齐国，在齐桓公去世后逐渐衰落，无力称霸，齐国的大权也逐渐被众多卿大夫掌握。经过多年的明争暗斗，大夫田氏逐渐掌握了齐国的国政。公元前386年，田和被周安王册封为诸侯，姜姓齐国为田氏取代，但仍沿用齐国名号，世称"田齐"，史称"田氏代齐"。公元前354年，田齐第四任君王齐威王任命邹忌为相，实行改革，田忌、孙膑为将，齐国逐渐开始强大。

公元前356年，韩、赵、魏三国趁齐国国丧之机，出兵攻打齐国的灵丘。

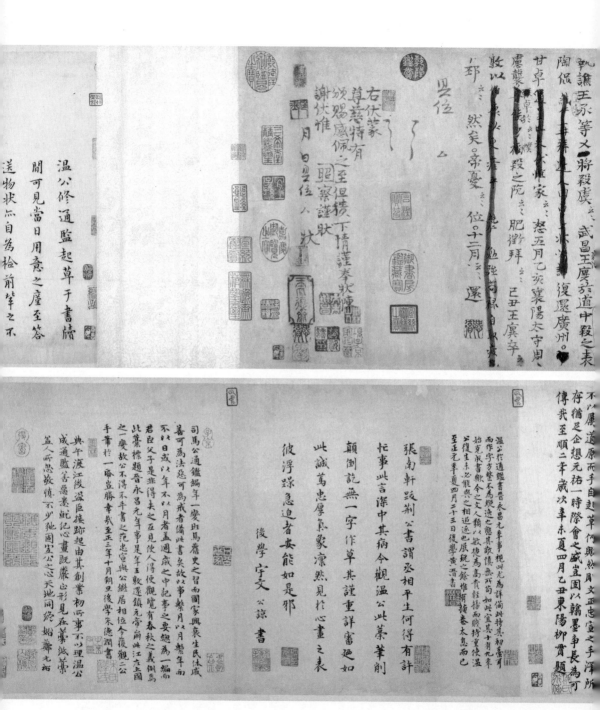

宋　司马光　资治通鉴残稿卷

《资治通鉴》是北宋时期司马光编纂的一部编年体史书。

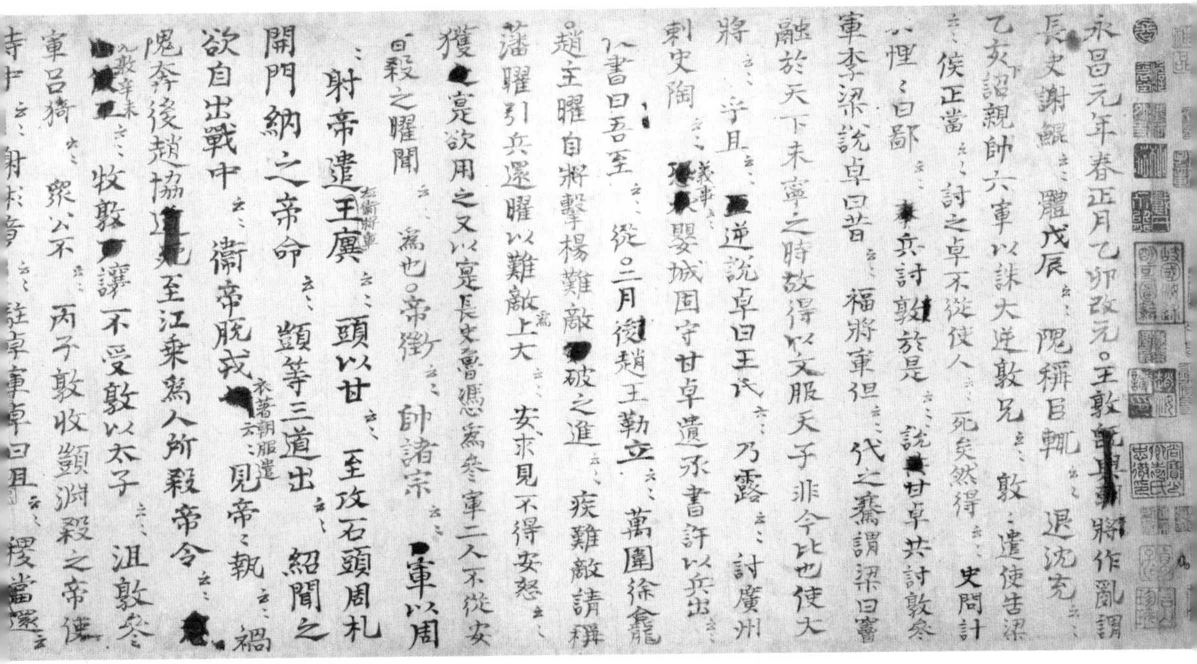

永昌元年春正月乙卯改元。王敦將作亂謂
辰史謝鯤　罷稱目輒　退沈充
乙亥詔親帥六軍以誅大逆敦兄　敦遺使告梁　死矣然得
　侯正當　討之卓不從從人　死矣然得　史問計
六惲自鄙　奉兵討難於是　說卓卓共討敦參
事李梁說卓曰晉　福將軍但　代之矯謂梁曰書
融於天下未寧之時故得以文服天子非令比也使大
將　李且　逆說卓曰王氏　乃露　討廣州
剌史陶　嬰城固守甘卓遺承書許以兵出
　書曰吾至　從二月復趙王勒立　萬圍徐龕
趙主曜自將擊楊難敵　破之進　疾難敵請辯
藩曜引兵還曜以難敵上大　安求見不得安怒
獲之是欲用之又以是長史魯憑為參軍二人不從安
　白殺之曜聞　為也。帝徵　帥諸宗　軍以周
開門納之帝命　頭以甘　至攻石頭周札
欲自出戰中　衛帝脫戎　紹聞之　禍
匙奔後趙協迫見至江乘為人所殺帝命　沮敦參
寺戸　牧毅　讓不受敦以太子
軍吕猗　丙子敦收顗淵殺之帝德　櫻當還

但魏国的强大引起了其他国家的忌讳，赵国的国君赵成侯在平陆和齐威王、宋桓侯相会以示好，并与燕文公在阿会盟。这些会盟的国家在东部和北部对魏国形成包围之势，魏国的国君察觉到魏国可能被诸侯联手围攻，便想寻找机会化解危机。

齐魏之争

公元前 354 年，赵国出兵攻打卫国。卫国位于赵、魏、齐、宋四国之间，是魏国的盟国，魏国自然不能对卫国的困境坐视不理，于是联合宋国攻打赵国。魏、宋、卫三国联军直逼赵国都城邯郸，魏国希望一举灭亡赵国，消除被诸侯包围的威胁。赵国一方面闭城自守，另一方面派人向楚国求救。但此时楚国正与鲁国交战，无法分兵，赵国随后又向齐国求救。

收到赵国的求救后，齐国朝堂对于是否救援赵国产生了分歧。邹忌认为不如不救，但段干朋认为不救不义，且对齐国不利。《史记》中记载，他对齐威王分析说："夫魏氏并邯郸，其于齐何利哉？且夫救赵而军其郊，是赵不伐而魏全也。故不如南攻襄陵以弊魏，邯郸拔而乘魏之弊。"最终，齐威王采纳了段干朋的建议，派出两路军队，一路攻打魏国的襄陵，另一路在魏攻破邯郸后救援赵国。

齐国先是通过外交手段策反了宋国和卫国，两国与齐国的军队一起攻打魏国的襄陵。魏国方面，主帅庞涓率领的魏军主力在攻破赵国后，随即进攻背盟的卫国。此时，田忌和孙膑率领的齐国援赵军队已到达齐魏两国边境，田忌采用孙膑"围魏救赵"的策略，令魏军主帅庞涓轻敌冒进，在桂陵击败魏军，魏军主帅庞涓也被齐军生擒。

但桂陵之战中，齐军击败的只是魏军的偏师，其主力并未受损。齐国军队也没有真的进攻魏国都城大梁，赵国的都城邯郸仍被魏军占据着。齐军在桂陵的胜利并没有从根本上改变战场的局势。

公元前 352 年，魏国联合韩国，将齐、宋、卫三国围攻襄陵的军队包围，齐国被迫请楚国出面调停，双方休战。次年，魏惠王与赵成侯结盟，魏军撤出邯郸，庞涓也被释放回到魏国。

公元前 343 年，魏国称王，韩国不服，魏、韩两国交恶。次年，魏国攻打韩国，韩国五战五败，不得已只好向齐国求救。齐威王委任田忌为主帅、田婴为副帅、孙膑为军师，率领齐军救援韩国。魏王任命太子申为上将军，以庞涓为将，为了避免重蹈桂陵之战的覆辙，魏国十万大军停止攻打韩国，转头迎击齐国的军队。

孙膑利用魏军自大的心理，采用减灶诱敌、示敌以弱的战术，令庞涓再次中计。庞涓率魏军轻率追赶齐国军队，在马陵中了齐军的埋伏，太子申被俘，庞涓自杀身亡，魏国十万大军伤亡惨重。

桂陵之战和马陵之战除了大国争霸的因素外，还夹杂了孙膑和庞涓之间的私人恩怨。两人都曾求学于鬼谷子门下，庞涓率先出仕魏国，他嫉妒孙膑的才能在自己之上，将孙膑骗至魏国后诬陷其下狱，刴去孙膑的膝盖骨并在他脸上刺了字。孙膑后来逃到齐国，受到齐威王的信任，最终借桂陵之战和马陵之战完成了对庞涓的复仇。

明　佚名　孙膑像

战国时期齐国军事家，孙武的后代。其所著的《孙膑兵法》，继承和发展了战国前期的战争实践经验，对政治斗争、经济建设、商业交流都有指导作用。

徐州相王

桂陵之战和马陵之战对当时战国的时局产生了深远影响，齐国大胜之后声威大震，成为东方的霸主，而中原霸主魏国的实力则遭到削弱。马陵之战后，齐、秦、赵乘机从东、西、北三个方向魏国发动围攻。

《史记·魏世家》索隐引《竹书纪年》载：

"二十九年五月，齐田朌及宋人伐我东鄙，围平阳。九月，秦卫鞅伐我西鄙。十月，邯郸伐我北鄙。王攻卫鞅，我师败绩。"魏国接连战败，从此沦为二流国家，再也无力称霸。《孟子》中记载，魏惠王曾感叹："晋国，天下莫强焉……及寡人之身，东败于齐，长子死焉；西丧地于秦七百里；南辱于楚。寡人耻之……"

公元前 334 年，魏惠王和齐威王在徐州举行会盟，魏惠王向齐威王称臣，与韩国和一些小国尊齐威王为王。但齐威王不敢独自称王，于是也承认魏王的年号，这一事件被称为"徐州相王"。

"徐州相王"是历史上中原诸侯国第一次称王和互相承认为王，这标志着周天子在名义上已非天子，而是与诸侯王地位平等。自春秋以来，建立在"挟天子以令诸侯"基础上的政治观也不复存在。

长平之战——秦赵国运之战

长平之战是秦、赵两国间进行的一场战略决战，是我国古代军事史上最早、规模最大，也最为彻底的一场大型歼灭战争。经此一战，赵国元气大伤，秦国统一中国的进程也进一步加快。

秦赵双雄并立

秦国是春秋时期强大的诸侯国，但在霸主秦穆公逝世后，秦国开始逐渐衰落。秦孝公时，任用商鞅变法，秦国再次强大起来。《史记》中记载："孝公十九年，天子致伯。"周显王册封秦国君王为伯，秦国再次称霸。

秦孝公去世后，秦国经过秦惠文王和秦武王两位国君的经营，变得更加强大，逐渐展现出一统天下之姿。秦昭襄王继位之后，秦国加快了对外扩张的步伐，接连击败魏、韩、楚等国，一时风头无两。当时，齐国被乐毅率领的五国联军击败，实力大减，诸侯国中只有赵国有实力和秦国一争高下。

赵国方面，三家分晋之后，赵国与周边诸侯国陷入长期征战。赵武灵王实行"胡服骑射"后，赵国军队的战斗力迅速增强，先后攻灭了中山国，打败林胡、楼烦，拓地千余里。赵国的迅速崛起，使其成为战国中后期抵抗秦国的中流砥柱。

对秦国而言，赵国是其东进的巨大阻碍，双方逐渐由外交争斗转向军事作战。公元前283年，秦昭襄王向赵王索要和氏璧，赵国在蔺相如的努力下，成功保全了和氏璧，但蔺相如的"完璧归赵"也引发了严重的后果。

公元前282年到公元前280年，秦国连续三年对赵国用兵；公元前279年，秦昭襄王与赵惠文王在渑池相会，秦王在宴会上咄咄逼人，赵王在蔺相如的机

明 冯梦龙 《新列国志》插图 徙木立信

明 冯梦龙 《新列国志》插图 商鞅被施刑图

智帮助下，针锋相对，令秦国未能占到便宜。

公元前271年，秦昭襄王接见范雎，范雎建议秦昭襄王放弃进攻齐国和楚国，采用远交近攻的策略，他对秦昭襄王说："王不如远交而近攻，得寸则王之寸也，得尺亦王之尺也。今释此而远攻，不亦缪乎！……楚彊则附赵，赵彊则附楚，楚、赵皆附，齐必惧矣。齐惧，必卑辞重币以事秦。齐附而韩、魏因可虏也。"秦昭襄王采纳了他的建议，将用兵重点放在韩、赵、魏三国身上。

公元前269年，秦昭襄王以赵国不履行交换城邑的协议为由，派中更胡阳率军攻打赵国要地阏与。赵国派名将赵奢率军救援，赵奢大败秦军，秦国东进受挫。公元前265年，秦国再次进攻赵国，赵国将长安君送到齐国为质，换取齐国出兵救援，秦国撤兵。

长平之战

公元前262年，秦国大将白起率军攻打韩国，占领野王，割断了韩国上党郡与其本国的联系。韩桓惠王惧怕秦军兵锋，决定主动把上党郡献给秦国，但上党郡守冯亭不愿投降秦国，他计划将上党献给赵国。如此一来，秦、赵两国一定会发生冲突，到时韩国与赵国联合，就可以制衡秦国。

赵国方面看出了冯亭的意图，对于是否应该接纳上党地区产生了争议。平阳君认为接纳上党地区的灾祸远大于好处，但又认为赵国不

明　佚名　白起像

战国时期名将，杰出的军事家，"兵家"代表人物。

065

费一兵一卒就可以得到大片土地，是难得的机会。对于秦、赵之后的纷争，他也拟好了应对之策。当时秦国大将白起四处征战，诸侯国皆对其十分忌惮。平原君认为赵国大将廉颇虽然野战不如白起，但若守城抵挡白起的进攻，则绰绰有余。赵孝成王于是接受平原君的建议，封冯亭为华阳君，接纳上党地区。

秦国对赵国的虎口夺食之举大为不满，公元前261年，秦国派左庶长王龁率领军队攻打并占领了上党。上党的百姓纷纷逃亡到赵国境内，赵国的军队在长平接应上党百姓。公元前260年，王龁继续率军进攻长平，赵国派廉颇率军抵抗。六月，廉颇被王龁攻破阵地，随后据城固守。《史记》中记载："六月，陷赵军，取二鄣四尉。七月，赵军筑垒壁而守之。秦又攻其垒，取二尉，败其阵，夺西垒壁。廉颇坚壁以待秦，秦数挑战，赵兵不出。"

此时，赵国朝廷见在军事上无法战胜秦国，便打算采取外交手段，却因此产生了分歧。楼昌认为应与秦国议和；虞卿认为秦国若执意进攻赵国，则议和难成，不如派使者联络楚国和魏国，合纵制衡秦国，如此议和可成。这不失为一个明智的决定，但最终赵孝成王却采纳了楼昌的意见，派人去秦国议和。秦国为了避免赵国与其他诸侯国合纵，假意与赵国议和，并对外散布秦、赵和解的消息，令赵国无法与楚、魏合纵，赵国更加孤立。

另一方面，赵王对廉颇数次战败不满，又认为廉颇据守是怯战的表现，加之中了秦国的反间计，遂派名将赵奢的儿子赵括取代廉颇为帅。秦国得知赵国换帅的消息后，暗中命白起为上将军、王龁为副将，试图一举击溃赵国军队。

赵括中了白起的诱敌之计，轻率出击，结果无法攻破秦军壁垒，后路又被秦军截断，被困断粮46天，士兵自相残杀。赵括只得率军突围，结果战死，40万赵军随后向秦军投降。白起认为赵军反复无常，便将降兵全部坑杀，只放240名年幼的士兵回赵。

长平余波

长平之战前后，赵国军民死伤近45万，秦国军队伤亡也接近20万，此役成为春秋战国时期持续最久、规模最大、战况最惨烈的一次战争。此战之后，赵国元气大伤，再也无力与秦国争锋，秦国一统天下的趋势愈发明显，但仍有波折。

长平之战后，白起将秦军分为三路攻打赵国，白起亲自领兵攻打邯郸，试图一举灭亡赵国。赵国与韩国采取外交手段，令秦相范雎说服秦王议和。秦王在接受赵、韩割地求和的请求后，令白起撤兵。白起攻赵的大好形势毁于一旦，由此与范雎产生嫌隙。但赵国随后违约，不仅拒绝割地，还与齐、楚、魏等国交好，共同对抗秦国。秦昭襄王大怒，不顾白起的劝阻，先后派王陵和王龁进攻邯郸，结果不仅没攻下邯郸，还在楚国和魏国援军的进攻下，损失惨重。秦昭襄王更是因此与白起产生矛盾，在白起去往邯郸的路上，将其赐死于杜邮。

公元前 257 年，魏、楚两国军队与防守邯郸的赵军反攻，大败秦军，王龁不得不率领秦军撤回河东汾城。公元前 256 年，秦国再次进攻韩国，斩俘 4 万。随后，秦军又攻打赵国，斩俘 9 万。西周国惶恐，与诸侯联合谋秦，秦攻灭西周，得九鼎。

第三章

大一统的秦汉基业

秦灭六国之战——合纵连横定乾坤

秦灭六国之战是战国末期实力最强的诸侯国秦国消灭其他六个诸侯国，完成统一中国大业的战争，所以又可称为"秦统一战争"。

统一之势

秦、赵长平之战后，东方六国再也无力独立对抗秦国，但六国联合起来仍与秦国有一战之力。公元前247年，信陵君联合五个诸侯国的军队大败秦军，诸侯联军乘胜攻至函谷关外，秦军闭门不出。同年，秦庄襄王驾崩，嬴政登上王位。

公元前238年，嬴政先后扫灭嫪毐和吕不韦两大集团，整顿秦国内政，他任用尉缭和李斯，开始着手准备统一六国的战争。为了防止六国合纵，秦国对东方六国继续采取远交近攻的策略，笼络燕国和齐国，稳定楚国和魏国，重点进攻韩国和赵国。除此以外，秦国还从六国内部拉拢、腐化一批官员，以期分化瓦解敌国。《史记·秦始皇本纪》中记载尉缭劝秦王："原大王毋爱财物，赂其豪臣，以乱其谋，不过亡三十万金，则诸侯可尽。"

六国方面，齐国自乐毅破齐后一蹶不振，齐王建继位后，任用他的舅舅后胜为相。后胜接受秦国的贿赂，破坏合纵，力劝齐王交好秦国。《战国策》中记载："君王后死后，后胜相齐，多受秦间金、玉，使宾客入秦，皆为变辞，劝王朝秦，不修攻战之备。"公元前237年，齐王建到秦国朝见嬴政，受到嬴政的款待。

三晋方面，韩国本就孱弱，在秦国多年的蚕食鲸吞下，只剩下都城阳翟与其周围十多个中小城邑，基本上已经名存实亡。魏国被秦国连年进攻，失去大片土地，魏安釐王在秦国间谍的挑拨下，对信陵君产生猜忌，夺去了他的兵权，信陵君从此称病不朝，沉迷酒色。公元前 243 年，信陵君与安釐王相继病逝。

赵国在长平之战后实力大减，燕国看到赵国衰弱，遂趁机攻打赵国，其中亦不乏秦国在其中煽风点火，燕、赵两国从此陷入长期的战争中。公元前 251 年，面对燕国的进攻，赵王重新起用廉颇。廉颇率领赵军在鄗城大败燕军，燕国只得割地求和。《史记》中记载："赵使廉颇将，击，大破燕军于鄗，杀栗腹，遂围燕。燕割五城请和，乃听之。"

楚国自战国中期以后开始衰落，楚怀王变法失败，秦、楚两国连番交战，楚军被斩首 8 万，失地 600 里，楚怀王甚至客死咸阳。楚顷襄王时，白起率领秦军攻入楚都郢，楚国只好把都城迁到陈。楚考烈王继位后，重用春申君，楚国短暂复兴。然而公元前 241 年，春申君联合诸侯伐秦失败，楚国为防秦国报复，将都城迁到寿春。公元前 238 年，楚考烈王去世，楚国陷入内乱，春申君被门客李园杀死，楚国更加一蹶不振。

统一之战

公元前 236 年，赵国进攻燕国，秦国以救燕为名，发兵攻赵。秦将王翦、杨端和与桓齮率领 30 万大军分三路进攻赵国，遭到赵国 20 万守军的顽强抵抗。后来，秦国军队统一归桓齮指挥。公元前 234 年，桓齮在平阳击败赵将

秦始皇像

中国古代杰出的政治家、战略家、改革家，首次完成中国大一统的政治人物，也是中国第一个称皇帝的君主。

清 佚名 王翦像

王翦年少的时候喜欢军事，随侍秦王嬴政。他率军攻破赵国都城邯郸，扫平三晋地区，攻破燕国都城蓟，又消灭楚国。王翦与其子王贲成为秦始皇统一六国、开疆扩土的最大功臣。

荆轲刺秦王画像石

画像石所绘的是战国时期荆轲刺秦王这一悲壮的历史故事。

扈辄，斩杀赵军 10 万人，但赵国随后任命名将李牧为帅，抵抗秦军。次年，李牧在肥下击败桓齮率领的秦军，秦国几乎全军覆没。公元前232 年，秦军再次进攻赵国，李牧率领赵军在番吾再度击败秦军。

公元前 230 年，秦国派内史腾率兵进攻韩国，俘虏韩王安，韩国灭亡。

公元前 229 年，赵国遭遇地震和旱灾，秦国趁机派王翦和杨端和率领数十万大军攻赵。赵王任命李牧为大将军、司马尚为副将，倾全军抵抗入侵秦军。王翦用反间计令赵王迁杀掉李牧，弃司马尚不用，赵军士气大衰。次年，王翦击败赵军，在被秦国收买的赵国宠臣郭开的劝说下，赵王迁投降，其兄公子嘉逃到代地称王，继续抵抗秦军。

秦国攻破邯郸后，燕国太子丹派荆轲刺杀秦王，结果失败，秦国以此为借口进攻燕国。

公元前226年，秦将王翦率军攻破燕都蓟城，燕王喜及太子丹逃往辽东。秦将李信带兵乘胜追击至衍水，再败太子丹军，消灭了燕国卫军主力。随后，鉴于燕国已无威胁，秦国转而进攻魏、楚两国。

公元前225年，王翦之子王贲率领秦军攻打魏国，引黄河之水灌魏都大梁，大梁城坏，魏王假投降，魏国灭亡。

秦国在短短的几年中，连续攻破韩、赵、魏三国，令秦王嬴政信心大增。但他随后犯了一个错误，用年轻将领李信取代老将王翦，率领20万秦军进攻楚国，结果李信被楚军击败，秦军损失惨重。秦王只得再度起用王翦，公元前224年，王翦率领60万秦军进攻楚国。次年，王翦率秦军击败楚军。公元前222年，王翦平定楚地，俘虏楚王负刍，楚国灭亡。

公元前222年，王翦率军攻破代地，赵王嘉被俘，赵国灭亡。同年，秦王派王贲率军进攻辽东，俘虏了燕王喜，燕国灭亡。

在秦国攻灭五国的过程中，齐国一直采取作壁上观的态度。《史记》中记载："后胜相齐……不脩攻战之备，不助五国攻秦，秦以故得灭五国。"然而，秦国在攻灭其他五国后，战火很快就烧到了齐国头上。齐国对此也有准备，派大军防守西部边境，不与秦国往来。公元前221年，秦王嬴政派将领王贲率军从燕国南面攻打齐国，攻进齐国都城临淄，齐王建投降，齐国灭亡。

秦统一六国在历史上具有重大意义，它结束了春秋战国500年来诸侯分裂割据的局面，建立了中国历史上第一个统一的中央集权制的封建国家，奠定了中国此后2000余年政治制度的基本格局，中国历史自此向前迈出了巨大一步。

秦攻百越之战——始皇帝南征岭南

秦攻百越之战是秦始皇在公元前 219 年发动的南征战争，是秦统一战争的一部分，同时也是秦统一战争中最为艰难的战争。因为主要进行了三次规模较大的战役，所以这场战争又被称为"秦始皇三征岭南"。

百越往事

"百越"是对中国东南沿海一带越族人的统称，《汉书·地理志》中记载："自交趾至会稽七八千里，百越杂处，各有种姓。"早在石器时代，百越地区就有了人类活动的痕迹。史料中关于百越的记载很少，长期以来，研究者都认为这是一个比较落后的地区。随着良渚古城等考古遗址的发掘，人们惊讶地发现，百越的文明程度竟不逊色于中原，在某些方面甚至犹有过之。

《史记·越王勾践世家》中记载："楚威王兴兵而伐之，大败越，杀王无强，尽取故吴地至浙江，北破齐于徐州。而越以此散，诸族子争立，或为王，或为君，滨于江南海上，服朝于楚。"此事发生在公元前 333 年，有的历史学家据此认为百越是越国灭亡以后，南渡的越国人聚集形成的部落，但这一说法尚未得到广泛认可。

早在商周时期，百越与中原就有贸易往来，通常是用象牙、犀角、香木等物换取中原的丝织品和手工制品。秦朝统一六国后，秦始皇派大军南征百越，经过艰苦作战，终于将这一地区纳入中原政权的版图，双方的文化、人口互相交流，百越终成为中华文明的一部分。

百越内部分为很多个部落，秦朝时百越主要有南越、东瓯、西瓯、闽越、杨越、骆越等部。其中，南越大致为今天的广东地区；东瓯为浙江一带；西瓯为广西一带；闽越为福建一带；杨越位于扬州一带，包含安徽、浙江、江苏、上海等地区；骆越位于广东、广西、越南北部一带。

秦越之战

秦还未灭六国的时候，就曾对越人用兵，《史记·秦始皇本纪》中记载："王翦遂定荆江南地；降越君，置会稽郡。"可见，王翦在灭楚的时候，还曾击败越人首领，秦朝在此设置了会稽郡。

公元前219年，统一六国的秦始皇开始对百越用兵，其主要目的是扩大秦朝的疆域。当然，也可能有一些个人的欲望在内，《淮南子·人间训》记载："又利越之犀角、象齿、翡翠、珠玑。"

秦始皇为攻打百越动用了十分庞大的兵力，据《淮南子》中记载："乃使尉屠睢发卒五十万，为五军，一军塞镡城之岭，一军守九疑之塞，一军处番禺之都，一军守南野之界，一军结余干之水。"可见，秦朝以屠睢为将，率领50多万大军分五路进攻百越。这五路大军一路进攻东瓯和闽越，两路进攻南越，还有两路进攻西瓯。

秦朝进攻百越的战争一开始进行得十分顺利，秦军在不到一年的时间内就攻下了东瓯和闽越，秦朝随后在此设置了闽中郡。不过，在征服闽中地区后，秦始皇认为这里地处偏远，难以统治，只是废去当地首领的王位，改用"君长"名号，秦朝虽派守尉令长到闽中，实际上

东周时期青铜嵌绿松石矛头

仍由君长继续实行统治。但为了加强对闽中的控制，秦王朝一方面把大量闽越部落人迁移到长江与淮河之间，另一方面又把中原的罪犯流放到闽中来。这一政策加强了双方的相互融合，也促进了闽越文化和中原文化的交流。

在接下来进攻西瓯的战争中，秦军遭到了顽强的抵抗。秦军对岭南气候和环境很不适应，再加上后勤补给匮乏，令秦军举步维艰。秦始皇被迫征调大量民工开凿灵渠，沟通了湘江和漓江水系，这才让秦朝军队的后勤有了保障。

秦军虽杀死了西瓯人的首领译吁宋，然而越人又选出新的首领继续对抗秦军，秦将屠睢也被越人杀死。《淮南子》中记载："而越人皆入丛薄中，与禽兽处，莫肯为秦虏。相置桀以为将，而夜攻秦人，大破亡，杀尉屠睢，伏尸流血数十万，乃发适戍以备之。"秦军进攻不利，只得转入防守，双方进入相持阶段。

公元前214年，秦始皇任命任嚣为主将，和赵佗再次进攻百越各部族，秦越战争进入第二阶段，也称"第二次秦瓯战争"。此次秦军吸取第一次作战后勤不继的教训，谪发大量民众戍守后方。每攻下一地，便移民驻守，既稳定了秦军的后方，也令后勤补给得到保证。

经过艰苦的奋战，秦军终于平定了百越，设立了桂林、象郡、南海等三郡，把岭南正式纳入秦王朝的版图。《史记·秦始皇本纪》中记载："三十三年，发诸尝逋亡人、赘婿、贾人略取陆梁地，为桂林、象郡、南海，以适遣戍。"

管理百越

秦朝征服百越后，任命任嚣为南海郡尉，节制岭南南海、象郡、桂林三郡，称"东南一尉"。南海郡尉下辖番禺、龙川、博罗、四会四个县，因龙川的地理位置和军事价值都极其重要，故委赵佗任龙川县令。

赵佗实行"和辑百越"的政策，上书秦始皇要求从中原迁居50万居民至南越，提倡中原人与岭南人通婚，让越人参与政权管理，促进了南越的发展。秦末，中原陷入战乱，赵佗割据南越称王，后臣服汉朝。

巨鹿之战——破釜沉舟胜强秦

巨鹿之战是秦末农民战争中项羽所率楚军与章邯、王离所率秦军进行的一场决战,是我国历史上著名的以少胜多的战役之一。经此一战,项羽名声大振,确立了自己在各路起义军中的领导地位。

项羽与楚怀王的明争暗斗

公元前 209 年,陈胜、吴广揭竿而起,掀开了秦末农民战争的序幕,很多六国贵族也趁势崛起。在陈胜、吴广大泽乡起义的同年,项梁、项羽叔侄杀死会稽郡守,加入起义军的行列。次年,在范增的建议下,项梁立楚怀王的孙子熊心为王,仍称怀王,以拉拢楚地人心。

项梁的这支义军发展得十分迅速,接连击败秦军。项梁也因此开始有骄色,不听谏言,结果在定陶被秦将章邯击败身死。当时项羽和刘邦正在攻打陈留,因陈留守军顽强抵抗,一时难以攻下,于是项羽和刘邦等人退军至彭城。

章邯在击败项梁后,认为楚军已不足为患,于是率军北上攻打赵国,大败赵军。赵军退入巨鹿城防守,同时向各路诸侯求援。章邯派下属王离和涉间带兵围困巨鹿,自己则驻扎在巨鹿之南,筑甬道运粮给王离和涉间的军队。

各路诸侯收到赵国的求援后,畏惧秦军的强大,不敢发兵相救。楚怀王在项梁战死后,赶至彭城,收编了项羽的部队。楚怀王为控制兵权,制衡项羽,破格提拔宋义为卿子冠军。公元前 208 年,楚怀王将军队兵分两路,一路以宋义为上将军、项羽为次将、范增为末将,北上救援巨鹿;另一路以刘邦为主帅,进攻关中。楚怀王还与众人约定:"先入咸阳者为王。"

可以看出,楚怀王这一安排是明显针对项羽的。救援巨鹿的这支军队在形

项羽像

秦朝末年政治家、军事家，楚国名将项燕的孙子，是一名以武力出众而闻名的武将。

清 佚名 刘邦像

中国历史上杰出的政治家、战略家，汉朝开国皇帝。

势不利的情况下，面对秦军主力，胜负难料，即使获胜，也大大拖慢了入关的速度。更何况，项羽只是次将，主帅是身为上将军的宋义，即使这一路人马率先进入关中，宋义封王的可能性也要远大于项羽。楚怀王为防项羽势力壮大，在军队的部署上加了多重保险。项羽当然看出了楚怀王的用心，他提出进攻关中，但未获允许。

巨鹿之战

在北上救援巨鹿的路上，项羽与主帅宋义发生分歧。项羽认为应与赵军里应外合，迅速击破秦军，宋义则认为应等秦、赵两败俱伤之际再出兵。因宋义是主帅，所以最终楚军还是按照宋义的策略行事。这一路援军在安阳逗留了46天而不进军，宋义甚至还在军中置酒高会。

其实，宋义率军逗留观望，除了想要等待秦、赵两败俱伤之外，未尝没有奉楚怀王的意思，以拖慢项羽入关速度，防止其称王。楚怀王对项羽的忌惮，只怕还在秦军之上。项羽对此应该有所察觉，他自然不会任人宰割，他要以最激烈的方式反抗。项羽诬陷宋义与齐国串通，以楚怀王的名义杀死宋义。军中诸将不敢反抗，遂推项羽为上将军。消息传来，楚怀王也只得顺水推舟，任命项羽为上将军。

项羽随即命当阳君、蒲将军率两万士卒渡河救援巨鹿，楚军只取得了小胜。随后，项羽率楚军渡河，他破釜沉舟，命将士只带三日干粮，以示决一死战。楚军击破秦军运粮甬道，将王离等人的军队包围，随后与其展开大战，楚军以一当十，大败秦军。《史记》中记载："于是至则围王离，与秦军遇，九战，绝其甬道，大破之，杀苏角，虏王离。涉间不降楚，自烧杀。"诸侯军队被楚军气势所震，皆奉项羽为统帅，项羽终于还是壮大了自己的力量。《史记》中说："项羽由是始为诸侯上将军，诸侯皆属焉。"

项羽随后率军与章邯对峙，此时秦二世派人责问章邯，章邯派长史司马欣见秦二世被赵高所阻，于是举棋不定，想要与项羽议和，但未成。项羽命蒲将军渡河攻击秦军，秦军大败。章邯派人请和，项羽鉴于自己军队粮少，答应了章邯的请求。项羽立章邯为雍王、司马欣为上将军，随后率大军前往关中。军队行至新安，秦军与楚军士兵产生矛盾，项羽担心秦军反复，于是连夜将秦军20万降兵坑杀。

项羽称霸

但项羽的行动终究晚了一步，此时刘邦已攻下咸阳。项羽闻讯大怒，领兵攻打函谷关，驻军新丰鸿门。刘邦此时驻扎在灞上，见项羽人多势众，刘邦只得到鸿门会见项羽。席间，范增布局杀刘邦未成，项羽失去了铲除刘邦的最佳良机。项羽随后进入咸阳，焚烧宫室，大肆掳掠。

项羽仍想称王，却遭到楚怀王的拒绝，楚怀王坚持按先前约定行事，项羽与怀王的矛盾进一步加深。《资治通鉴》中记载："项羽怒曰：'怀王者，吾家所立耳，非有功伐，何以得专主约！'"后来，在楚怀王的同意下，项羽自称"西楚霸王"，随后项羽分封诸侯，尊楚怀王为"义帝"，但此后又将其杀死。

巨鹿之战是秦末一场决定天下命运的关键战事，这一战造成了两个十分重要的结果：一是秦军主力被击溃，秦朝再也无力镇压各地起义，其灭亡只是时间问题；二是项羽一战立威，从此成为诸侯军的统帅，其势力迅速壮大，为其后来称霸奠定了基础。

此战还导致了另外两个结果：一是楚怀王限制项羽的计划破产，楚怀王虽为义帝，却只能受项羽的控制，以至最终被杀；二是加速了项羽和刘邦之间的矛盾，为楚汉战争的爆发埋下了伏笔。

成皋之战——楚衰汉兴关键之战

成皋之战是项羽与刘邦围绕成皋所进行的一场持久争夺战，是楚汉争霸过程中的关键一战，也是我国战争史上后发制人、以弱胜强的典型战例。

楚汉之争爆发

公元前 206 年四月，项羽分封诸侯，诸侯罢兵，各自返回封地。但项羽在分封诸侯时感情用事，分封不公，《史记》中记载："项羽怨田荣，立齐将田都为齐王。田荣怒，因自立为齐王，杀田都而反楚；予彭越将军印，令反梁地。"所以，在项羽分封诸侯后不到两个月，诸侯便反叛，项羽只得带兵前往齐国平叛。项羽虽然战胜田荣，但他在齐国滥杀引起齐人的怨恨，齐国人再度反叛，项羽一时无法从齐国抽身。

另一方面，刘邦虽不满项羽将自己封在偏远的汉中地区，但由于实力不济，无法与项羽对抗，所以只得前往封地。他烧毁栈道，麻痹项羽，以示无意返回东方。项羽入齐平叛给了刘邦复出的机会，他迅速带兵重返关中，击败章邯。随后他又欺骗项羽，给在项羽的书中说："汉王失职，欲得关中，如约即止，不敢东。"刘邦让项羽相信自己在得到关中后便会止步，同时他还散布齐、赵联合反叛的消息，令项羽无暇西顾。

次年，刘邦在平定三秦后率军东出，他为义帝发丧，谴责项羽，同时号召诸侯讨伐项羽，正式拉开了楚汉战争的序幕。刘邦趁项羽陷于齐国战争泥淖的时候，率诸侯联军攻破楚都彭城。但刘邦随后便被眼前的胜利冲昏头脑，他搜罗彭城的珍宝、美人，每日饮酒作乐。此时，闻讯而来的项羽率 3 万轻骑迅速回师，不到一个月即赶至彭城，大败汉军，汉军死伤达十余万。项羽继续追击汉军,于睢水再度大破汉军,睢水一度为之断流,刘邦仅带数十骑逃脱。诸侯也纷纷背汉投楚,反楚联盟瓦解。

成皋争夺战

捡回一命的刘邦退至荥阳,重整军队,韩信也发关中百姓充实汉军。刘邦占据荥阳之西的成皋,依托关中,稳定后方,与楚军展开对峙。刘邦还派韩信北上拓展土地,韩信在北方接连攻破魏、代、赵等国,招降燕国,项羽只得派兵与韩信争夺北方。同时,刘邦派人游说英布,成功令英布反叛项羽。项羽又分兵征讨英布,楚军一时无法击破汉军。此时,刘邦实行缓兵之计,提出议和,被项羽拒绝。于是刘邦又用计离间项羽上下的关系,令范增负气出走,因病逝世。

公元前204年,楚军截断汉军粮道,进攻荥阳。刘邦不敌,在纪信的掩护下,逃离荥阳,成皋被楚军占领。刘邦率军于宛、叶一带吸引楚军兵力,却坚壁不出。《史记》中记载:"项羽闻汉王在宛,果引兵南。汉王坚壁不与战。"此时,彭越在下邳击败楚军,项羽只得留终公守成皋,自己带兵进攻彭越。刘邦趁机击败终公,收复成皋。

项羽闻讯后,迅速回师攻占荥阳,包围成皋。刘邦仓皇出逃,带领韩信的士兵,坚壁高垒,与楚军对峙。同时,刘邦命韩信进攻齐国,还命卢绾等人与彭越联合进攻楚地。韩信攻下

清 佚名 韩信像

西汉开国功臣、军事家,被刘邦评价为麾下三位人杰之一,后世以此称之"汉初三杰"之一。

081

齐国，项羽派人进攻韩信，结果被韩信击败。彭越又在后方断绝楚军的粮草，项羽留曹咎守成皋，自己带兵去梁地攻打彭越。刘邦趁机击败曹咎，再度占领成皋。项羽闻讯后又带兵返回荥阳，双方再度陷入僵局。

项羽游说韩信反叛未成，又听说灌婴带兵攻击彭城，楚军腹背受敌，粮食匮乏，于是项羽提出议和，刘邦接受。双方约定，以鸿沟为界，鸿沟以西归汉王，以东属项羽，项羽归还之前俘获的汉王的父母、妻子，史称"鸿沟之约"。

楚汉形势逆转

楚汉双方对于成皋的争夺战，最终以交战双方缔结合约而落幕。成皋之战从公元前205年五月持续到公元前203年八月，历时两年零三个月，其间双方对峙时间长达11个月。成皋之战并非一场孤立的战争，而是与彭城之战、韩信平定北方及消灭齐国之战、彭越攻梁地之战等战事紧密相关。

日本　歌川国芳　韩信胯下之辱

此图描绘的是一个屠夫当众羞辱韩信的情景。

楚汉双方在战争中的表现截然不同，项羽率领的楚军几乎百战百胜，而刘邦大部分时间不是战败，就是防守。但最终刘邦却逐渐取得优势，这其中的原因不能不令人深思。

成皋之战前，项羽进攻齐国，在已经获胜的情况下滥杀无辜，从而陷入齐人反抗的泥淖无法脱身，给了刘邦崛起的机会。刘邦在攻下彭城后不思进取，也给了项羽大败汉军的机会。但刘邦知耻而后勇，懂得采纳部下的意见，在成皋之战期间，刘邦曾做出许多错误的决定，但他多次采纳袁生、陈平、纪信等人的意见，最终避免了这些错误的发生。反观项羽，他在成皋之战期间猜忌谋士范增，导致范增离去、身亡，与刘邦形成鲜明对比。

但项羽的问题不止于此，他一味恃勇，轻视谋略，但他所倚势的"勇"也只是个人武勇。项羽手下并非没有猛将，章邯、龙且、英布均为当世名将，蔡东藩曾评价章邯"为秦之骁将，邯不败，即秦不亡"，然而项羽却没能令这些勇将施展才能，最终章邯、龙且战死，英布投靠刘邦。项羽不会用人，也是其失败的重要原因之一。

成皋之战是历史上以弱胜强、疲敌制胜的经典战例，刘邦在无法战胜项羽的情况下，一方面坚城自守，另一方面开辟新的战场，以分散项羽兵力，令项羽疲于奔命，最终汉军一点点蚕食楚军的势力，由弱转强，由防守转为进攻，为楚汉战争最后的胜利打下了牢固的基础。

垓下之战——西楚霸王垓下悲歌

垓下之战是楚汉两军在垓下进行的一场战略决战，是楚汉争霸的最后一场战争，也是我国古代大规模追击战的经典战例。

大战再起

公元前 203 年八月，楚汉鸿沟合议后，项羽率领 10 万大军沿固陵方向向楚地撤军。刘邦也准备率军西撤，但却被张良、陈平二人阻止。《资治通鉴·楚汉相争》中记载，他们劝刘邦说："汉有天下太半，而诸侯皆附；楚兵疲食尽，此天亡之时也。今释弗击，此所谓养虎自遗患也。"

刘邦采纳了二人的意见，背弃鸿沟协议，追击楚军，到阳夏时止步，与韩信、彭越约定共同围剿楚军。十一月，刘邦率领汉军在固陵与项羽交战，然而韩信、彭越失约不至，刘邦独自面对楚军，被项羽击败，只得退到陈下防守。之后，刘邦采纳张良的建议，与韩信、彭越共分天下，将陈以东到东海的土地封给韩信，将睢阳以北到谷城的土地封给彭越，并封韩信为齐王、彭越为梁王。此后，韩信和彭越方才同意出兵。

垓下之战

韩信从齐地南下，彭越从梁地西进，汉将刘贾和英布从城父北上，刘邦也从固陵出兵，汉军由此对楚军形成合围之势。项羽见形势不利，退至垓下。

公元前 202 年，刘邦与诸侯军将项羽围在垓下。《史记》中记载了垓下之战中汉军的布阵："韩信以三十万人分为五军，孔将军居东南而为左，费将军

明　仇英　帝王道统万年图

此图描绘的是汉高祖刘邦途经曲阜，以太牢（猪、羊、牛三牲）祭祀孔子的场景。

居西南而为右，自将前军居汉王之先锋，绛侯、柴将军又居汉王之后，而有垓下阵也。"

韩信首先率军与项羽交战，不利。此时汉军两翼向楚军发起进攻，楚军作战不利，韩信趁势反攻，大败楚军，楚军只得退入城内防守。楚军兵疲粮尽，汉军在夜晚四面歌唱楚地歌曲，令楚军以为汉军已尽得楚地，再无斗志，项羽只得率军突围。

项羽突围至乌江边，自觉无颜见江东父老，下马步战，最终自刎而亡。韩信趁势进攻，大败楚军。

项羽死后，楚地尽皆降汉，只有鲁地仍继续抵抗汉军。因项羽曾被楚怀王封为鲁公，鲁地是项羽的封邑，所以那里的人仍忠于项羽。刘邦率领诸侯兵，拿着项羽的头颅去招降鲁地父老，使鲁地降汉。随后，刘邦以鲁公的规格安葬项羽于谷城。

刘邦安葬项羽后返回定陶，驰入韩信军中，夺了韩信的兵权。同年（公元前202年）二月，刘邦在诸侯的劝谏下，于汜水称帝，定国号为汉。随后，刘邦兑现承诺，封韩信为楚王、彭越为梁王。

兔死狗烹

垓下之战是楚汉战争中的决定性战役，也是中国历史上一次成功的大规模追击战。战后项羽身亡，楚军被彻底击败，秦末以来诸侯混战的局面宣告结束；刘邦登基称帝，建立汉朝，中国历史掀开了崭新的一页。

但垓下之战也遗留了一些隐患，登上帝位的刘邦并未从此安枕无忧，天下也没有因此而太平。刘邦与韩信、彭越之间貌合神离，分道扬镳不可避免，在战后夺取韩信的兵权，便是刘邦先发制人的手段。在垓下之战结束的第二年，韩信便被告谋反，刘邦抓捕韩信，将其改封为淮阴侯。韩信对此愈发不满，便与巨鹿郡守陈豨密谋造反。

公元前197年，陈豨在代地反叛，刘邦率军讨伐，韩信托病不从。留在长安的吕后收到韩信与陈豨密谋的举报，将韩信处死，夷三族。

此外，刘邦在讨伐陈豨时，向梁王彭越征兵，彭越托病不出，刘邦对其大为不满，派人责备彭越。此时，彭越的下属向刘邦告发彭越谋反，刘邦派人逮捕彭越，将其贬为平民，发配到蜀地。彭越在流放的路上遇见吕后，自言无罪，想回故乡昌邑。吕后假意答应，随后劝刘邦杀掉彭越，又令舍人告彭越谋反，刘邦遂杀彭越。

韩信、彭越被杀后，与二人齐名的淮南王英布心生畏惧，担心自己落得与二人一样的下场，遂于公元前196年举兵反叛，但被刘邦率军击败，最终身亡。

后人对刘邦称帝后大杀功臣多有微词，但实际上韩信等人亦属咎由自取。韩信、彭越虽未必真有反意，但对刘邦却谈不上忠心，韩信恣意妄为，彭越首鼠两端，自有其灭亡的道理。三人中只有英布是真的谋反，《史记》中记载，刘邦讨伐英布时："与布相望见，遥谓布曰：'何苦而反？'布曰：'欲为帝耳。'"可见，英布亦有野心，在天下平定之后，妄想称帝，实乃自取灭亡。

实际上，刘邦对待功臣还未算残忍，他将韩信贬为淮阴侯，留在长安；将彭越贬为平民，发配蜀地，对二人的处置都留有余地。韩信与彭越之死，起主要作用的是吕后，不应对刘邦过于苛责。

纵观刘邦手下人才，除韩信、彭越、英布三人外，萧何、张良、陈平、灌婴、周勃、樊哙等人均保卒晚年；众多异姓诸侯王被杀，是因为此时的历史正处于转型期，分封制向郡县制的转变仍处于磨合中，中央与地方必然会产生冲突，将此事归罪于刘邦未免对其不公。

清　佚名　张良像

秦末汉初杰出谋臣，西汉开国功臣，政治家，与韩信、萧何并称为"汉初三杰"。

清　佚名　樊哙像

樊哙出身寒微，以屠宰为业，因迎娶吕雉之妹吕媭，深得刘邦和吕雉信任。

漠北之战——汉匈百年战争高光时刻

漠北之战是汉朝在漠北地区进行的一场大规模战争，也是匈奴伊稚斜单于与汉王朝间进行的一场战略大决战，最终以汉王朝的全面胜利而告终。

汉匈大战

秦末，中原陷入混乱，北方的匈奴趁机崛起，冒顿单于统一匈奴各部，威胁中原。公元前201年，韩王信投靠匈奴。次年，汉高祖刘邦率30万大军出征匈奴，并讨伐韩王信。结果汉高祖因轻敌冒进被困白登，后用计才得以脱困。汉朝认识到匈奴的强大，为休养生息，与匈奴和亲。《史记》中记载，双方约定："长城以北，引弓之国，受命单于；长城以内，冠带之室，朕亦制之。"汉匈之间的关系暂时缓和。

汉武帝时，汉朝国力逐渐强盛，汉武帝以和亲为耻，表面上虽仍与匈奴维持原状，但暗中积蓄力量，准备进攻匈奴。公元前133年，汉武帝采纳王恢的建议，命汉军在马邑伏击匈奴，但被匈奴察觉，未能成功，史称"马邑之围"。匈奴因此不再与汉朝和亲，但双方仍维持贸易往来。

公元前127年，匈奴左贤王进犯汉朝上谷、渔阳等地。汉武帝命卫青、李息出击匈奴，汉军采取迂回包抄的战术大破匈奴，收复河南全境。汉武帝在河南地置五原郡与朔方郡，筑朔方城，并招募10万内地居民至朔方实边，汉朝由此将北部防线扩展至黄河沿岸。

公元前125年，匈奴不甘心河南之战的失败，进攻朔方，妄图夺回河南。汉武帝派卫青、苏建、李息等人率领10万大军，兵分两路分别进攻匈奴左贤王和右贤王。卫青率领的右路军大获全胜，击败匈奴右贤王，汉朝左路军也取

汉武帝像

刘彻即位后，对匈奴、闽越、东越、南越、朝鲜、西南夷、西羌、车师、楼兰、大宛等国家或民族发动了至少 28 场战争。

得胜利，史称"朔方之战"，也称"漠南之战"。

朔方之战令单于主力暴露在汉军面前，公元前 123 年，卫青等六位将军率领 10 万军队从定襄出发，两次进攻匈奴主力，将其重创，史称"定襄北之战"。汉军校尉霍去病在此战中功勋卓著，被封为"冠军侯"。此战之后，匈奴后撤至漠北地区。

公元前 121 年，汉武帝任命 19 岁的霍去病为骠骑将军，于春、夏两次率兵出击占据河西地区东部的匈奴浑邪王、休屠王部。霍去病大破匈奴，再立奇功，史称"河西之战"。汉朝从此控制河西地区，打通了通往西域的道路。《乐府诗集》中记载，匈奴感叹："失我祁连山，使我六畜不蕃息；失我焉支山，使我嫁妇无颜色。"

宋　陈居中　胡笳十八拍·文姬归汉图

图中描绘的是使者迎接被匈奴掳去的蔡文姬归汉的场景。

漠北之战

公元前120年，匈奴伊稚斜单于劫掠定襄、右北平郡，意图诱使汉军北上，想要在漠北击败汉军。

公元前119年，汉武帝实行第三次币制改革，同时实行盐铁专卖，为进攻匈奴准备了大量物力、财力。汉武帝认为汉军经过与匈奴多年的作战，已经具备了远征匈奴的能力，于是命卫青和霍去病各率5万骑，还有步兵和运送军需物资的数十万人，分别从定襄和代郡、右北平郡出发，北上进攻匈奴主力。

卫青出定襄后遭遇匈奴单于主力，双方展开激战，未分胜负。匈奴单于遁去，汉军随后追击。《史记》中记载汉军："行二百余里，不得单于，颇捕斩首虏万余级，遂至窴颜山赵信城，得匈奴积粟食军。军留一日而还，悉烧其城余粟以归。"卫青这一路军队虽取得一定战果，但其帐下李广、赵食其所率汉军因迷路错过与卫青会合的机会，战后追责，李广自杀，赵食其被贬为庶人。

霍去病率军出代郡后，北进2000多里，与匈奴左贤王部交战，大破敌军，并乘胜追杀至狼居胥山，在此举行了祭天之礼；在姑衍山又举行了祭地之礼，登上高山，俯视大海。《史记》中记载霍去病这一路汉军："执卤获丑七万有四百四十三级，师率减什三，取食于敌，逴行殊远而粮不绝。"

清　佚名　汉高祖像

鹰顶金冠饰

这件鹰顶金冠饰由冠和额圈组成，纯金材料，总重约1211.5克，是战国时期的文物。

明　明宣宗　御制外戚事鉴·霍去病

霍去病善于长途奔袭、快速突袭和大迂回、大穿插、歼灭战，为汉武帝时期的军事扩张做出了重大贡献。

汉匈对峙

漠北之战是汉武帝时期与匈奴战争中规模最大，同时也是最艰巨的一次作战，汉军取得了丰硕的战果，匈奴左、右两王所部主力几乎全部被歼，匈奴向西北迁徙，失去对东北地区的控制，危害汉朝百余年的匈奴边患基本得到解决。但汉军也付出了很大代价，伤亡万余人，损失十多万战马。战后，汉武帝加封卫青、霍去病二人为大司马大将军、大司马骠骑将军，共同管理日常的军政事务。公元前117年，霍去病病逝。《史记》中记载："于是汉久不北击胡。"

漠北之战后，汉匈双方进入相持阶段，其对抗方式由军事冲突转向外交。伊稚斜单于一方面养精蓄锐，另一方面向汉朝提出和亲。但汉朝此时已处优势，想令匈奴臣服。公元前114年，伊稚斜单于去世，其子乌维单于继位。公元前111年，汉武帝派公孙贺、赵破奴北击匈奴，无功而返。次年，汉武帝亲率18万军队巡视朔方，威慑匈奴。《史记》中记载："而单于终不肯为寇于汉边，休养息士马，习射猎。数使使于汉，好辞甘言求请和亲。"

之后，汉匈双方继续在外交上展开博弈，双方互相扣留对方使者达十多批。公元前104年，匈奴内乱，汉武帝命赵破奴率军进攻匈奴，但被匈奴击败，汉匈再度陷于战争中。直到汉宣帝时，匈奴才臣服于汉。

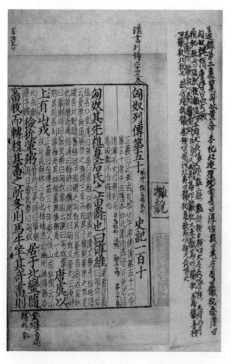

南宋刻本　史记一百十·匈奴列传

昆阳之战——光武一战名动天下

西汉末年，外戚与宦官乱政，土地兼并严重，社会动荡不安，外戚出身的王莽趁机篡汉，建立新朝。王莽实行了一系列改革，但多以失败告终。这些改革加剧了社会的动荡不安，加之天灾连年，新朝各地爆发了反对王莽的起义浪潮。在起义军中，势力最大的是北方的赤眉军和南方的绿林军。

昆阳之战是新、汉两军间进行的一场战略决战，是我国历史上著名的以少胜多的战例之一，也是汉光武帝刘秀的成名之战，深刻影响了中原王朝的国运兴衰。

绿林内战

公元22年，汉朝宗室刘縯与刘秀两兄弟分别起义。《后汉书》中记载："邓晨起新野、光武与李通、李轶起于宛。伯升自发舂陵子弟，合七八千人，部署宾客，自称柱天都部。"在起义初期，鉴于己方实力尚弱，刘氏兄弟选择与绿林军结盟，双方联手在南阳击败甄阜、梁丘赐率领的新朝大军，此战令刘氏兄弟名声大振。随后，刘縯率军直逼宛城，在宛城再度击败新朝军队，刘縯经此战，自称柱天大将军，从此威名远扬。

公元23年，绿林军接连取得对新朝作战的胜利，逐渐发展壮大。为了统一指挥，起义军决定拥立一位刘氏宗亲为帝，其中呼声最高的就是刘縯和刘玄二人。因刘玄性格软弱，易于控制，绿林军的几个领袖王匡、王凤、张卬等人想要拥立刘玄，刘縯反对不成，只得同意。二月，刘玄在淯水之畔称帝，改元更始，是为更始帝。刘縯升为大司徒，封汉信侯。之后，刘縯奔赴前线，继续指挥军队进攻宛城。

新朝方面，王莽最初认为赤眉军的威胁大于绿林军，所以将进攻的重点放

唐 阎立本 历代帝王图·汉光武帝

东汉开国皇帝，杰出的政治家、军事家。

王莽像

新朝开国皇帝、政治改革家。王莽在朝野的广泛支持下，登上了最高权位，开了中国历史上通过（符命）禅让做皇帝的先河。

在赤眉军身上。随着绿林军接连取胜，刘玄称帝，建立更始政权，王莽才意识到南方的绿林起义军对新莽政权的威胁更大，于是将进攻的重点转到绿林军身上。

昆阳之战

王莽为毕其功于一役，命大司空王邑和司徒王寻为统帅，调集重兵围攻绿林军。《资治通鉴》中记载："征诸明兵法六十三家以备军吏，以长人巨母霸为垒尉，又驱诸猛兽虎、豹、犀、象之属以助威武。邑至洛阳，州郡各选精兵，牧守自将，定会者四十二万人，号百万；余在道者，旌旗、辎重，千里不绝。"

汉军方面，王凤、王常、刘秀等人在新朝大军的进逼下，退守昆阳，此时兵力不足1万。新军对于如何进攻绿林军产生了分歧，将领严尤认为昆阳城小且坚固，不易攻破，应先救宛城，到时昆阳不攻自破。但大司空王邑刚愎自用，无视严尤的建议，执意先下昆阳。

绿林军的将领见新军势大，欲分散各守其地，被刘秀阻止。最终，绿林军按照刘秀的规划，王凤、王常等人守城，刘秀带领13骑去城外调集部队，夹攻新军。《资治通鉴》中记载："时莽兵到城下者且十万，秀等几不得出。"

新军在围困昆阳时又犯了一个错误，王邑无视严尤提出的"围城为之阙"的建议，将昆阳重重围困，又拒绝王凤等人的请降，导致汉军拼死力战，昆阳城长期无法攻下。

清　佚名　帝鉴图说彩绘本

此图描绘了光武帝刘秀当上皇帝后，依旧对旧时的同学严光屈尊求贤，礼遇有加。

清　陈书　历代帝王道统图册

图中绘汉光武帝刘秀锡封褒德的情景。

此外，刘秀成功召集军队，救援昆阳。他为了鼓舞士气，散布汉军攻破宛城并正赶来昆阳救援的消息，令汉军士气大振，新军士气低落。六月，刘秀带领援军抵达昆阳，他身先士卒，率先冲击新军，汉军大受鼓舞，初战告捷。城内汉军出城与援军里应外合，大败新军，王邑等人狼狈逃回洛阳。

新朝灭亡，绿林分裂

昆阳之战是我国历史上著名的以少胜多的战役，新朝军队在占据强大优势的情况下，由于指挥者接连犯错，最终输掉战争；而绿林军一方的实际指挥者刘秀则力挽狂澜，取得了昆阳之战的胜利。消息传出，整个关中为之震惊，各地豪强也纷纷采用汉朝年号，服从更始政权。此战加速了新朝的灭亡，同年九月，绿林军攻入长安，王莽被杀，新朝灭亡。

在昆阳之战胜利的同时，刘縯也成功攻下宛城。宛城之战和昆阳之战的胜利，令刘縯和刘秀两兄弟威望大增，引起了更始帝的猜忌。更始帝一伙人借诸将大会之际，将刘縯杀害。刘秀强忍悲伤，采取示弱的战术，并亲自到宛城向更始帝谢罪，开始韬光养晦。《后汉书》中记载刘秀："未尝自伐昆阳之功，又不敢为伯升服丧，饮食言笑如平常。"刘秀的策略顺利奏效，更始帝放松了对他的警惕，封他为破虏大将军、武信侯。

刘秀躲过一劫，但仍未脱离险境。当时黄河以北仍存在许多割据势力未归附更始政权，刘秀采纳冯异的建议，贿赂左丞相曹竟父子，令更始帝同意刘秀出镇河北。刘秀终于走出牢笼，在河北大展拳脚，建立了属于自己的势力，最终与更始政权决裂，于公元 25 年称帝建国。

黄巾起义——汉末农民大起义

黄巾起义是东汉末年的一场农民起义，加速了东汉王朝的灭亡，对东汉末年的政局产生了重大影响。

太平道崛起

东汉末年，外戚与宦官交替干政，豪强大肆兼并土地，朝廷多年对羌人用兵，徭役繁重。汉桓帝与汉灵帝昏庸无道，其间发生两次党锢之祸，朝中正直之士遭到打压，朝政愈发黑暗，民不聊生。

巨鹿人张角以《太平经》为基础，创立太平道，自称"大贤良师"，与其兄弟张宝、张梁三人及弟子以行医为名，用符水、咒语为百姓治病，同时借机宣传太平道的思想。其关于反对剥削、敛财，主张平等互爱的学说、观点，迅速得到穷苦大众的拥护。《后汉书》中记载："角因遣弟子八人使于四方，以善道教化天下，转相诳惑。"在短短十余年间，太平道就发展了数十万信众，其势力遍布青、徐、幽、冀、荆、扬、兖、豫八州。

张角随后将教徒分为三十六方，"方"相当于将军的称号，每个大方有上万人，小方六七千人，每方各有渠帅统领。张角还利用自战国以来流行的"五德终始说"的观点，宣扬"苍天已死，黄天当立，岁在甲子，天下大吉"。其中"苍天"指东汉王朝，因汉属火德，故曰"苍天"；而"黄天"则指太平道，因五行中火生土，土属黄色，所以太平道的信徒均在头上绑黄巾作为记号。《后汉书》中记载："皆着黄巾为标帜，时人谓之'黄巾'，亦名'蛾贼'。"

假设"五德终始说"属实的话，张角的理论似乎有个缺陷。因为五行中的金、木、水、火、土具有相生和相克两种关系，黄巾军若是打算用武力推翻汉朝的话，双方应是相克的关系，五行水克火，所以黄巾军应是水德，尚黑色，称"黑巾军"或"玄巾军"更为合适。

黄巾军以推翻汉朝为目的，计划于184年三月初五即甲子日起义。张角派马元义组织荆州和扬州的信众到邺集合，并派他到洛阳联络中常侍封谞、徐奉为内应，准备里应外合，推翻汉朝统治。

清　吕安世　廿一史通俗演义·张角像

东汉末年农民起义军"黄巾军"的领袖，修太平道，利用其中的某些宗教观念和社会政治思想组织群众。

黄巾起义

184年正月，马元义遭叛徒出卖，被朝廷处死，黄巾军起义计划泄露，大量洛阳的信徒被杀害，负责内应的中常侍封谞、徐奉也被朝廷处死。朝廷下令捉拿张角及其家人，张角被迫连夜通知各地的黄巾军，于二月提前起义。

黄巾军在洛阳的行动虽然遭遇失败，但在全国的行动却取得了成功。起义之后，各地民众纷纷响应。《资治通鉴》中记载："角自称天公将军，角弟宝称地公将军，宝弟梁称人公将军，所在燔烧官府，劫略聚邑，州郡失据，长吏多逃亡；旬月之间，天下响应，京师震动。"起义军除了攻打官府之外，还进攻地方豪强，导致地方豪强与官府联合，加入剿灭黄巾军的队伍，这也为黄巾军的覆灭埋下了隐患。

面对黄巾军如火燎原的攻势，汉灵帝任命何进为大将军，守卫京师；又在洛阳周围关口设置都尉布防；同时，汉朝廷下令各州郡训练士兵、整备武器，组织义军剿灭黄巾军。汉灵

汉灵帝

清　吕安世　廿一史通俗演义·刘备、关羽、张飞参与平定黄巾之乱

帝还接受了皇甫嵩的建议，赦免党人，拿出宫中藏钱和厩马赏赐军士。

汉灵帝以卢植为北中郎将、皇甫嵩为左中郎将、朱俊为右中郎将，各持节，调发全国精兵分击黄巾军。卢植在北方攻打张角，皇甫嵩和朱俊则进攻颍川一带的黄巾军。四月，朱俊与黄巾军初战失利，朝廷派骑都尉曹操率军支援。皇甫嵩以火计反攻黄巾军，与赶来的曹操联手大破黄巾军，斩首数万人。随后，皇甫嵩又和朱俊乘胜追击，进攻汝南，连连取胜，平定了三郡之地。

与此同时，卢植在北方击败张角，斩杀万余人，张角退守广宗。但卢植随后遭遇陷害，被朝廷下狱。汉朝廷随即任命董卓为中郎将，负责剿灭冀州的黄巾军。同年，在巴郡、汉中一带宣扬五斗米道的张修亦举起叛旗。《后汉书·灵帝纪》中记载："中平元年（184年）秋七月，巴郡妖巫张修反，寇郡县。"

董卓进攻黄巾军不利，八月，朝廷下诏皇甫嵩带兵北上。皇甫嵩到达广宗时，张角已经病死，其弟张梁继续率军抵抗，被皇甫嵩击败。《后汉书》中记载："大破之，斩梁，获首三万级，赴河死者五万许人，焚烧车重三万余两，悉虏其妇子，系获甚众。角先已病死，乃剖棺戮尸，传首京师。"十一月，皇甫嵩与巨鹿太守郭典击杀张宝，俘获十余万人，黄巾军主力被消灭，黄巾起义失败。

军阀混战的序幕

黄巾起义以燎原之势迅速展开，却在不到一年的时间里即被平定，其中的原因不得不令人深思。黄巾军多以下层民众为主，缺乏上层社会的支持，在朝廷与地方豪强的联手围剿下，黄巾军很难取胜。

黄巾军洛阳起义的失败，也令朝廷没有后顾之忧，可以集中兵力对付黄巾军主力。黄巾军缺乏统一的指挥与全局战略，其信徒各自为战，缺乏配合。其战术也不够灵活，与官军争一城一地的得失，消耗严重。黄巾军中没有真正的军事人才，反观汉军中的皇甫嵩、朱俊等人皆为当世名将，就连参与局部战争的曹操、孙坚等人，也成为后来割据地方的豪强。

黄巾起义虽然失败了，却给了摇摇欲坠的东汉王朝沉重的一击，其后各地反叛势力不断涌现。汉朝廷为剿灭黄巾军，允许各州郡自行募兵，导致后来军阀割据局面的出现，最终汉朝亦亡于军阀之手。

东汉　道教神铜镜

103

第四章
风起云涌的汉末三国混战

董卓讨伐战——十八路诸侯讨董卓

中平六年（189年），汉灵帝病逝，军阀董卓借诛杀"十常侍"的机会进军洛阳，并迅速掌握了军政大权。他擅自将少帝刘辨废黜，改立陈留王刘协为帝，随后又将刘辨与其母何太后毒杀。

董卓为人残暴不堪，他用严酷的刑罚胁迫朝中大臣，睚眦之怨，无不报复。一个侍御史在见董卓的时候忘记解下佩剑，董卓为了立威，竟下令将其活活打死，此事震动洛阳。董卓还让手下的士兵杀戮阳城的百姓，将男子的头砍下挂在车旁，谎称杀敌；还掳掠城中的女子，给军中的士兵做奴婢、侍妾；他甚至还奸淫公主、宫女，罪恶滔天。

董卓的倒行逆施引起各个阶层的不满，天下声讨董卓的呼声日益高涨，各路群雄暗中招兵买马。东郡太守桥瑁假借三公的名义写信给天下诸侯，号召讨伐董卓。

群雄讨董

在这种形势下，初平元年（190年）正月，关东群雄推举袁绍为盟主，正式讨伐董卓。袁绍自号车骑将军，与河内太守王匡屯河内，韩馥留邺，供给军粮；豫州刺史孔伷屯颍川；兖州刺史刘岱、陈留太守张邈、广陵太守张超、东郡太守桥瑁、山阳太守袁遗、济北相鲍信与曹操屯酸枣；后将军袁术屯鲁阳。

《三国演义》中曾提到"十八路诸侯讨伐董卓"之事，但实际上讨伐董卓的势力并无十八路之多，比如奋武将军公孙瓒并没有参与对董卓的讨伐，当时依附于公孙瓒的刘备、关羽、张飞等人自然也就不会出现在讨伐董卓的战争中，所以《三国演义》中诸如三英战吕布、温酒斩华雄等事件纯属虚构，历史上并无其事。

董卓见联军势大，挟持汉献帝将都城从洛阳迁到长安。他焚烧洛阳宫室，发掘陵墓，盗取珍宝，一路烧杀抢掠，无辜而死的人不可胜数，洛阳方圆百里内荒无人烟。

关东群雄虽然结盟，但实际各怀鬼胎，一盘散沙。在董卓退往长安时，联军诸侯多畏惧董卓手下凶悍的凉州士兵，不敢追击，独奋武将军曹操力主追击。《三国志》中记载，曹操对众人说："今焚烧宫室，劫迁天子，海内震动，不知所归，此天亡之时也。一战而天下定矣，不可失也。"但联军众人依旧逡巡不前，于是曹操独自率军追赶，在荥阳与董卓手下大将徐荣交战，结果大败。曹操手下士卒死伤惨重，坐骑受了重伤，曹操自己也身中流矢，多亏其从弟曹洪将自己的马让给曹操，曹操才得以逃出生天。

此时的关东群雄手握十余万兵马，每天却只是饮酒作乐，不思进取。曹操责备他们说："今兵以义动，持疑而不进，失天下之望，窃为诸君耻之！"他建议联军分兵据守，围困董卓，关东群雄还是不听。

吴之武烈

在曹操战败，酸枣联军无所作为的同时，有一个人在讨伐董卓的战争中发挥了重要作用，这个人就是破虏将军孙坚。

孙坚参与讨伐董卓，与袁术合为一路兵马，

清　吕安世　廿一史通俗演义·董卓像

董卓，字仲颖，陇西郡临洮县（今甘肃省岷县）人，东汉末年军阀、权臣。

清　吕安世　廿一史通俗演义·袁绍像

在汉末群雄割据的过程中，袁绍先占据冀州，又先后夺青、并二州，并于建安四年（199年）的易京之战中击败了割据幽州的军阀公孙瓒，统一河北。

107

被袁术表为破虏将军、豫州刺史。初平元年（190 年）冬，孙坚在鲁阳城筹措军粮，在为人送行时，董卓大军来袭，孙坚临危不乱，从容应对，不战而退敌之兵。此后，孙坚在梁东与董卓军交战，以失败告终，但他随后重整兵马，在阳人城再次与董卓部下作战，因董卓部下胡轸、吕布等人互相钩心斗角，孙坚得以大获全胜，还斩杀了胡轸的猛将华雄。

此战令孙坚名声大振，但也因此引起袁术的猜忌，袁术遂断绝孙坚军队的粮草。孙坚骑马奔驰百里，连夜面见袁术，以大义相责，最终令袁术同意派粮。董卓对孙坚十分忌惮，提出与孙坚联姻，孙坚大义凛然地斥责对方道："卓逆天无道，荡覆王室，今不夷汝三族，县示四海，则吾死不瞑目，岂将与乃和亲邪？"董卓虽为其所拒，但仍对孙坚大为赞赏。随后孙坚带兵直指洛阳，先后击败董卓、吕布。董卓逃往长安，孙坚进入洛阳，祭祀汉庙，修复被毁陵墓，然后带兵返回鲁阳。

此时的关东群雄早已没了讨伐董卓的心思，只求互相兼并，扩大自己的势力。袁绍提出另立新君，被袁术拒绝，两人因此反目。袁绍于是以周昕为豫州刺史，派他夺取孙坚的地盘。《三国志》中记载，孙坚见讨卓的大好形势毁于一旦，不禁叹息："同举义兵，将救社稷。逆贼垂破而各若此，吾当谁与戮力乎！"

虎头蛇尾之战

关东群雄对董卓的讨伐是一场声势浩大却虎头蛇尾的战争，除了王匡早期与董卓交战失败、曹操追击董卓战败之外，只有孙坚这路人马取得了一定战果，其他诸侯几乎都持观望态度。这次讨伐虽然令董卓从洛阳避往长安，但随后却因联军的内讧而不了了之。曹操对关东联军的责让、孙坚的一声叹息，亦是后来读史者对此事的责问与叹息。

这场战争在某种程度上加速了联军之间矛盾的爆发，联军这些诸侯之间随后展开了激烈的兼并战争。袁术带兵将袁绍派去的豫州刺史周昕击退，随后命孙坚进攻位于荆州的刘表，孙坚于此战中中箭身亡，其子孙策继续依靠袁术，在江东建功立业；袁绍与韩馥展开对冀州的争夺，并将公孙瓒卷入，最终袁绍吞并了韩馥和公孙瓒的势力，占据冀、青、幽、并四州，拥兵数十万，成为当时最大的割据势力；以三公名义号召天下讨伐董卓的桥瑁，因军粮问题与兖州太守刘岱产生矛盾，随后被刘岱攻杀，其势力也被刘岱吞并。

曹操在酸枣劝说联军未果后，与夏侯惇去扬州招募兵马，虽募得数千士兵，但却遭遇叛乱，最终帐下只剩几百人。之后，曹操讨黑山贼，击青州黄巾军，建立青州兵，为后来争霸天下打下了基础。随后曹操又与各路割据势力展开频繁的兼并战争，最终与袁绍在官渡一决雌雄。

清　佚名　曹操像

东汉末年权相，太尉曹嵩之子，曹魏的奠基者。

对董卓的讨伐战争还导致了一个看似主观却十分重要的结果：它让一部分人看清天下早已对汉王朝离心，汉室已不可复兴，这一点对后来天下的格局产生了重要影响。讨伐动乱也会招致动乱，何进召董卓讨伐十常侍，结果董卓为祸远甚于十常侍；关东群雄讨伐董卓，但后来灭亡汉室的正是关东群雄及其后裔。正如王夫之在《读通鉴论》中所说的："董卓不足以亡汉，亡汉者关东也。"

当曹操毅然决然地独自率军追击董卓，几致身亡；当他愤怒地斥责诸将不思进取时，可以相信此时的曹操还是忠于汉室、为汉室而战的。这场战争至少让他认清两点：一是前面提到的汉室复兴无望；二是天下群雄其实庸庸碌碌，不足有为。曹操后来对刘备说："今天下英雄，唯使君与操耳。"然后他还特意提到了袁绍等人，说："本初（袁绍字本初）之徒，不足数也。"这个结论大有可能是他在与联军共同讨伐董卓的过程中得出的。

那么，在讨董之后，未遇刘备之前，见汉室已不可复，曹操是否想过"当今之世，舍我其谁"呢？我们无法穿越千年时光洞穿曹操的内心，但至少在他与袁绍的官渡决战中，可以窥见一些他作为当世枭雄的勇武气魄。

官渡之战——北方霸权争夺战

官渡之战是曹操与袁绍为争夺北方霸权所进行的战略决战，最终以曹操的全面胜利而告终。经此一战，曹操在北方地区再无敌手，我国北方也开始从分裂逐渐走向统一。

双雄并立

关东群雄讨伐董卓之战不了了之后，因内部矛盾激化，开始互相兼并。袁绍吞并韩馥，夺得冀州，袁绍的谋士沮授为他制定良策：东讨青州黄巾军与黑山军；北灭公孙瓒，威慑匈奴，拥四州之地；到长安迎接献帝，在洛阳恢复汉室宗庙，以此号令天下，不从者讨之。不得不说，沮授的策略是十分高明的，可惜袁绍并未全部执行，这也为其后日的失败埋下了隐患。

191年之后，袁绍先后与公孙瓒、袁术交战。公孙瓒联合袁术、陶谦围攻袁绍，袁绍与曹操联合，大破三方联军。与此同时，长安方面，董卓被部将吕布杀死，其部下李傕、郭汜反叛，杀死王允，攻打吕布，长安陷入混乱。袁绍拒绝了沮授迎回天子的建议，曹操却趁机将汉献帝迎回许都，挟天子以令诸侯，迅速壮大势力。

在剿灭黄巾军过程中崭露头角的刘备，曾投靠公孙瓒，并与袁绍交战，后归附于陶谦。陶谦去世后，刘备主政徐州，但随后被吕布和袁术击败，只得投靠曹操。199年，刘备与董承等人受汉献帝衣带诏谋诛曹操，次年事发，刘备杀死徐州刺史车胄，与曹操交恶。曹操率军击败刘备，刘备遂又投靠袁绍。在曹操进攻刘备时，袁绍的谋士田丰曾建议袁绍出兵攻曹，袁绍却以孩子生病为由拒绝出兵，错失良机。

199 年，经过多年交锋之后，袁绍终于击败公孙瓒，占据幽州。曹操方面也先后消灭袁术、吕布、李傕等割据势力，其势力范围扩展到黄河以北。在北方形成袁绍与曹操互相争雄的局面，双方之间的大战一触即发。

官渡之战

199 年，袁绍率十万精兵南下，准备进攻许都，拉开了与曹操争战的序幕。袁绍军内部在如何消灭曹操的问题上产生了分歧，《后汉书》中记载，沮授、田丰等人认为应"分遣精骑，钞其边鄙，令彼不得安，我取其逸。三年之中，事可坐定也"，凭借袁绍一方地广人多，以持久战拖垮曹操。但审配、郭图等人则认为应凭借兵力上的优势，将曹操一举击溃。最终，袁绍采纳了郭图等人的意见。

颐和园长廊彩绘：孟德献刀

为了除掉祸国殃民的董卓，曹操从王允处借来了七星刀去刺杀董卓，不料却因为镜子的反光而被发现，曹操随机应变，以献刀为名糊弄了过去。

曹操方面，派出臧霸入青州，守卫右翼；令于禁守延津、刘延守白马，在黄河南岸重要关口狙击袁军；曹操则率主力驻扎在官渡，正面抵抗袁军。袁绍和曹操都想拉拢宛城的张绣，最终张绣在谋士贾诩的建议下投靠曹操，令曹操无后顾之忧，可专心对抗袁绍。

200年二月，袁绍派郭图、淳于琼、颜良等人进攻白马，想要夺取黄河南岸渡口，为大军渡河做准备。曹操采用谋士荀攸的建议，佯攻延津，令郭图、淳于琼分兵相助。曹操随后奇袭白马，颜良被投靠曹操的关羽斩杀，袁军大败。曹操获胜后向西撤退，袁绍不顾沮授的劝阻，令大军追击，结果再度被曹操用计击败，袁军大将文丑被斩杀。连损两员大将，袁军锐气已折。《资治通鉴》中记载："颜、丑皆绍名将也，再战，悉禽之，绍军夺气。"

此时袁军在兵力及财力上仍占据优势，曹操退守官渡，袁军驻扎在阳武。曹军出战不利，筑垒固守，袁绍一时无法攻破曹军壁垒，双方进入相持阶段。曹操在袁军的进攻下处境艰难，曾一度想要撤退到许都防守，但被谋士荀彧劝阻。袁绍令刘备进攻许都之南诸县，却被曹军击败。刘备遂以南连刘表之名，出使汝南。

十月，袁军派淳于琼从河北运粮，宿于乌巢。此时，袁绍麾下审配与许攸产生矛盾，许攸遂投靠曹操。在许攸的建议下，曹操率军偷袭乌巢。袁绍闻讯后，听信郭图的建议，只派轻骑救援乌巢，而命张郃、高览率主力进攻曹军大营，结果大营一时难以攻破。乌巢战败、粮草被烧的消息传来，郭图为推卸责任，陷害张郃等人，张郃只得投降曹操。袁军随后溃败，死伤惨重。《三国志·武帝传》中裴松之注："诸书皆云公坑绍众八万，或云七万。"袁绍只带数百骑逃回河北。

胜败之机

官渡之战是我国历史上以少胜多的著名战役，曹操以仅两万左右的兵力，击败袁绍的十万精兵。之所以会出现这种结果，有两个主要原因：一是曹操数次采纳荀攸、荀彧、许攸等人的建议，在关键时刻采取正确的策略，一步步取胜；二是袁绍多次拒绝田丰、沮授等人的正确意见，而采纳郭图等人的错误建议，一步步输掉了战争。

实际上，早在官渡之战前，曹操一方就对战争做出过分析，孔融等人认为袁绍谋臣众多，猛将如云，势不可挡，但曹操从个人性格方面分析袁绍"志大而智小，色厉而胆薄，忌克而少威，兵多而分画不明，将骄而政令不一"。荀彧则分析袁绍的谋臣各有缺点，相互之间必生龃龉，而其将领不过匹夫之勇，袁绍能聚人而不能用人，是以必败。

曹操一方对袁军的分析一针见血，其后果一如其预料。官渡之战两年后，即202年，袁绍病逝，其子袁谭与袁尚争位，互相攻伐，袁氏分裂，由盛转衰。刘备留在荆州，等待时机。江东孙策曾意图在官渡之战时，从南方偷袭曹军，因被刺客刺杀而未成，其弟孙权继续执掌江东，天下将迎来一个全新的局面。

唐　阎立本　历代帝王图·刘备像

西汉中山靖王刘胜之后，蜀汉开国皇帝、政治家，史家多称其为先主。

赤壁之战——三国鼎立奠基之战

赤壁之战是东汉末年曹操与孙刘联军之间进行的一场著名战争，最终以孙刘联军获胜而告终，是我国历史上著名的以少胜多、以弱胜强的一场经典战例。

平定北方

202 年，袁绍去世，其子袁谭与袁尚争位，袁谭不敌袁尚，向曹操求援。204 年，曹操出兵击败袁尚，占领邺城，袁尚投靠袁绍的次子袁熙。此时，袁谭反叛曹操，攻占了甘陵、安平、勃海、河间等地。次年，曹操攻打袁谭，将其杀死，冀、青二州平定。同年，黑山军首领张燕率领其部众十余万人投降曹操。与此同时，袁尚和袁熙因遭部下反叛，逃亡乌桓。

207 年，曹操为彻底肃清袁氏势力，同时解决乌桓骚扰边境的问题，出兵远征乌桓。八月，曹操在白狼山之战中击败乌桓。《三国志·武帝纪》中记载："斩蹋顿及名王已下，胡、汉降者二十余万口。"袁尚与袁谭随后也被斩杀，北方至此基本平定。

208 年，曹操为南征做了一些准备，在邺城开辟玄武池训练水军；整顿朝政，废三公，自任丞相，杀死反对自己的名士孔融；令凉州军阀马腾及其家属入朝，稳固西北。

另一方面，刘备在荆州依附刘表后，引起刘表的猜忌与防范，驻扎在樊城，一直未能有大的作为。《三国志·先主传第二》中记载："荆州豪杰归先主者日益多，表疑其心，阴御之。"207 年，刘备到隆中拜访诸葛亮，诸葛亮建议他以荆州为基地，争霸天下，史称"隆中对"。

东南方面，200 年，孙策遇刺去世，其弟孙权继续执掌江东。孙权在张昭、

日本　月冈芳年　曹操南屏山横槊赋诗

赤壁之战前夕，曹操取槊立于船头，慷慨而歌。苏轼在《前赤壁赋》里称其"酾酒临江，横槊赋诗，固一世之雄也"。

周瑜等人的辅佐下，平定内乱，安抚百姓，求贤纳才，江东局面逐渐稳定。208年，江东军队攻陷夏口，杀死黄祖，占领了江夏地区，其势力扩展到荆州一带。

208年，刘表病死，其子刘琮继位，刘琮在未通知刘备的情况下，就投降曹操。曹操到达新野时，刘备方知刘琮投降之事，于是率领民众退往江陵。曹操率领五千精骑轻装追赶刘备等人，于当阳长坂击败刘备，俘获其辎重，刘备败走夏口。

江东方面，孙权听闻曹操进攻荆州，派鲁肃到夏口查探情况。鲁肃遇到刘备，建议刘备联合孙权抵抗曹操，走投无路的刘备欣然从其议。其后，诸葛亮主动提出去柴桑说服孙权联手抵抗曹操。而此时江东群臣对与曹操一方是战是和产生分歧，以张昭为首的一批人主和，而以周瑜、鲁肃为首的一批人则主战。最终，孙权在诸葛亮、周瑜、鲁肃等人的劝说下，决心对抗曹操。

赤壁之战

十二月，周瑜率领三万水军北上与刘备汇合。当时曹操军中已遭瘟疫，其

明　仇英　赤壁图

赤壁有着深刻的历史价值，成为文人雅士的偏好之地。此画以宋代苏轼《后赤壁赋》为诗意，描绘苏轼携友泛舟夜游赤壁的情景。

新练的水军与江州水军又处于磨合之中，双方初次交战，曹军就被周瑜水军击败，只得退往长江北岸乌林，加紧训练，等待时机。周瑜则率军驻扎在长江南岸赤壁一带。

曹军为方便士卒在船上行动，将舰船首尾相连。周瑜采纳部将黄盖之计，令黄盖以诈降为名，率领装满柴草、膏油的小船接近曹军战船，然后顺风放火。曹军战船被大量烧毁，火势蔓延到曹军陆地上的营地。《三国志·周瑜传》中记载："顷之，烟炎张天，人马烧溺死者甚众。"曹军因此大败，只得退守南郡。

三分天下

赤壁之战是我国历史上著名的以少胜多的战役，此战曹军失败的主要原因在于曹操的好大喜功，急于求成，妄图借机一统天下，从而忽略了现实中的诸多不利因素。孙刘联军的统帅周瑜，早在开战前便看出了曹军存在的诸多问题，《三国志》中记载，周瑜曾对孙权说："今北土既未平安，加马超、韩遂尚在关西，为操后患。且舍鞍马，仗舟楫，与吴越争衡，本非中国所长。又今盛寒，马无藁草，驱中国士众远涉江湖之间，不习水土，必生疾病。"这些用兵大忌，

元 赵孟頫 诸葛亮像

此图现藏于北京故宫博物院，左上角有『赵氏子昂』朱文印，绘诸葛亮手持如意，凭隐囊而坐。

曹军均已集齐，焉得不败？

赤壁之战的失败令曹操迅速统一天下的计划破产，孙刘两方趁着赤壁之胜拓展势力。209年，周瑜与曹军负责留守的曹仁展开对南郡的争夺，曹仁军队在周瑜的进攻下多有损伤，只得退走。孙权随即任命周瑜为南郡太守，屯居江陵。

另一方面，刘备上表保举刘琦为荆州刺史，随后以其名义率众南征荆州南部四郡，夺得武陵、长沙、零陵和桂阳郡等地。同年，刘琦病逝，刘备被推举为荆州牧，孙权对其稍有忌惮，将妹妹嫁给刘备巩固双方的关系。

210年，周瑜病逝，刘备从孙权手中借得江陵，自此拥有荆州五郡，按照诸葛亮隆中对的规划，以此争霸天下。

211年，曹操对关中用兵；刘备应刘璋邀请入川讨伐张鲁；孙权将治所迁至秣陵，次年，修筑石头城，改秣陵名为建业。曹操、刘备、孙权三分天下之势逐渐显现。

颐和园长廊故事：草船借箭

借箭由周瑜故意提出限十天内造十万支箭，后来，有鲁肃帮忙，诸葛亮利用曹操多疑的性格，调了二十条草船诱敌，"借"到了十万余支箭。

襄樊之战——关羽威震华夏，败走麦城

襄樊之战是关羽率部进攻曹魏所据襄阳、樊城的一次重要战役，又称"襄樊战役""关羽北伐"。此战不仅打破了蜀汉与东吴间的同盟关系，也对三国形势造成了深远影响。

脆弱的联盟

215 年，刘备取得益州后，孙权想要取回之前借给刘备的荆州地区，刘备找借口推辞。孙权大怒，命吕蒙袭取长沙、零陵、桂阳三郡，并致书与曹操修好。

吕蒙成功取得长沙和桂阳，又设计捉拿了抵抗的零陵太守。刘备闻讯后率军前往公安，并令关羽入益阳。孙权一方面派鲁肃在益阳抵抗关羽，另一方面令吕蒙支援鲁肃。此时，曹操攻打汉中，刘备担心后防不稳，于是与孙权讲和。孙权亦想进攻合肥，于是双方议和。《三国志》中记载："刘备请盟，权乃归普等，割湘水，以零陵还之。"

大战起因

219 年春，刘备在汉中击败曹军，趁势占据上庸，称汉中王。同年，孙权攻打合肥，曹军诸州的兵力皆调往扬州，关羽遂趁机攻打襄樊。史书中并没有刘备下令关羽攻打襄樊的记载，关羽此次出兵也没有全局的谋划，在襄樊之战持续的几个月中，刘备一方也没有采取军事行动与之相配合，襄樊之战似乎只是出于关羽个人意愿的一次军事行动。

法　禄是道　中国民间信仰研究

此图绘中国民间百姓所信奉的关羽像。

明　商喜　关羽擒将图

此图所画的是《三国演义》中关公水淹七军、生擒庞德的故事。

难以想象如此规模的军事行动，其起因竟是将领的个人意志。我们分析其中的原因，似乎可以从关羽的性格中发现一些端倪。后来蜀国谋士廖立评价关羽襄樊之败时曾说道："羽怙恃勇名，作军无法，直以意突耳，故前后数丧师众也。"吕蒙评价关羽："性颇自负，好凌人。"陆逊则评价关羽："羽矜其骁气，陵轹于人。始有大功，意骄志逸。"

可以看出，关羽骄傲自大，又仗势凌人，此事有史实为证。215年，马超投靠刘备，马超素有威名，关羽便致书诸葛亮，询问马超才能如何。诸葛亮知关羽心高气傲，在回信中说马超才能不及关羽。《三国志》中记载："羽省书大悦，以示宾客。"

219年七月，刘备进汉中王，封关羽为前将军、张飞为右将军、马超为左将军、黄忠为后将军。关羽耻于和年纪大的黄忠并列，拒绝接受任命，在使者费诗的劝说下才勉强接受任命。八月，关羽留南郡太守糜芳守卫江陵，将军傅士仁驻守公安，自己率领大军攻打襄阳的吕常和樊城的曹仁。

关羽执意攻打襄樊，似乎连战前的准备也未做，甚至也没有通知刘备。其原因除了趁合肥之战曹操一方兵力空虚之外，是否也包含了个人争胜、意气用事的因素呢？

襄樊之战

曹操闻关羽攻打襄樊，命于禁和庞德率三万军队前往支援，曹仁命于禁等人于樊城北十里处驻扎。此时，天降大雨，汉水水位暴涨，平地水深数丈，于禁的军队被水淹没。关羽趁机乘船进攻，曹军大败，于禁投降关羽，庞德因据降被关羽斩杀。

关羽随即将樊城包围，曹仁在满宠的建议下固守不退。许都以南的郡县纷纷归降关羽，曹操打算迁都以避其锋芒，但在蒋济的劝说下放弃了这一决定。《三国志》中记载，蒋济对曹操说："刘备、孙权，外亲内疏，关羽得志，权必不愿也。可遣人劝蹑其后，许割江南以封权，则樊围自解。"曹操听从了蒋济的建议，联络孙权，偷袭关羽后方。

孙权与关羽之间早有矛盾，孙权曾替儿子向关羽提亲，关羽不止拒婚，还辱骂了孙权派去的使者。襄樊之战开始后，孙权派使者提出助战的请求，关羽在擒于禁、斩庞德，取得大胜后，嫌孙权使者来得太慢。《三国志》裴注《蜀记》中记载关羽乃骂曰："铬子敢尔，如使樊城拔，吾不能灭汝邪？"

另一方面，217年，主张孙刘联合的鲁肃去世，吕蒙继任大都督。吕蒙认为刘备等人反复无常，不可倚侍，不如夺取荆州，占据长江流域，摆脱对刘备、关羽等人的依赖，孙权深以为然，遂密谋夺取荆州。

关羽对江东军队早有堤防，留下部分军队防守后方。对此，吕蒙假意称病返回建业，途中遇右都督陆逊，相谈之下发现陆逊亦与自己想法相同，于是向孙权举荐陆逊接替自己。陆逊到任后，卑辞向关羽示弱，关羽于是对江东不加提防，调防守后方的军队北上攻打樊城。吕蒙于是率军伪装成商人，白衣渡江，攻打江陵。

在于禁战败后，曹操先后派徐晃、朱盖等人带兵增援樊城，徐晃打破关羽对樊城的包围，关羽只得据守沔水。此时，关羽因粮草供应与留守后方的糜芳、傅士仁产生矛盾，吕蒙趁机将二人诱降，取得江陵。吕蒙善待城中百姓，《三国志》中记载："蒙旦暮使亲近存恤耆老，问所不足，疾病者给医药，饥寒者赐衣粮。羽府藏财宝，皆封闭以待权至。"

关羽听闻江陵失守，急忙撤军，并派人打探江陵情况。吕蒙善待其使者，使者返回后，将城中情况告知军中士兵。关羽军中士兵得知亲人无恙并被妥善安排后，再无战意，逐渐溃散。此时，孙权已先到达江陵，派陆逊攻占夷陵、秭归，切断关羽后路，关羽向驻扎在上庸的刘封、孟达求援被拒，只得带领少数骑兵退往麦城，在突围时中伏被擒，随后被斩杀。

襄樊之战以关羽中伏身亡而告终，刘备一方丢失南郡、零陵、武陵三郡，损失惨重。荆州的丢失，更令诸葛亮隆中对中制订的北伐计划流产。孙刘联盟也从此破裂，双方大战将起。

夷陵之战——火烧连营，重创蜀汉

夷陵之战，又称"彝陵之战""猇亭之战"，是三国时期蜀汉与东吴之间进行的一场大战，也是我国历史上著名的积极防御的成功战例。此战最终以东吴大胜而告终，蜀汉军事实力遭到又一次削弱。

刘备的意图

219年，东吴夺取荆州，袭杀关羽，孙刘联盟破裂。不久之后，在袭杀关羽的过程中发挥了重要作用的东吴名将吕蒙因病去世。221年，刘备称帝后，不顾诸葛亮和赵云等人的劝阻，发兵攻打江东，想要为关羽报仇，夺回荆州。

可以看出，刘备对于此次攻打孙权一方，有两个战略目标：一是替关羽报仇；二是夺回荆州。实际上，这两个都不是好理由。为关羽报仇属个人恩怨，

颐和园长廊彩绘故事：刘备携民渡江

此故事主要讲了刘备、诸葛亮在新野大败曹军之后，移驻在樊城。刘备不忍抛弃跟随多时的百姓，就派人在城中遍告，直到百姓将要渡完，方才上马离去。

夺回荆州是蜀汉局部利益。刘备以延续汉室之名登上帝位，其政权存在的合理性即以曹魏政权的不合理为前提。正如赵云所说，刘备此时的首要任务应是讨伐曹魏，而此时的孙权并未称帝，进攻孙权实乃本末倒置。

此事简单明了，不止蜀汉政权内部人士清楚，天下人亦深明其理。《三国志》中记载，孙权帐下南郡太守诸葛瑾曾给刘备写信说："陛下以关羽之亲，何如先帝？荆州大小，孰与海内？俱应仇疾，谁当先后？若审此数，易于反掌。"那么，如此简单的道理，难道刘备就不知道吗？

实际上，刘备攻打孙权，虽以为关羽报仇为名，其中亦含有个人私利。此时的曹魏虽遭大丧，然而实力依然是曹、刘、孙三方最为强大的，不易讨伐。而此时的江东，由于周瑜、鲁肃、吕蒙三位大都督的英年早逝，正处于虚弱的状态，刘备攻打孙权，亦含有仗势欺人、趁机捡漏的意思。

夷陵之战

221 年，刘备出兵江东，孙权遣使求和，遭刘备拒绝。刘备命张飞率军从阆中至江州，结果出发前，张飞被部下所杀，其部下投奔孙权，双方矛盾进一步加深。七月，刘备率数万大军攻打孙权，其先头部队占领秭归。为防曹魏一方趁势进攻，刘备派镇北将军黄权镇守长江北岸。

孙权求和不成，于是任命右护军、镇西将军陆逊为大都督，统率五万人抵御蜀军，同时又遣使向曹丕称臣修好。陆逊认为蜀军来势汹汹，锐气正盛，遂采取避而不战的策略，将军队撤退至夷道、猇亭一带，避其锋芒，消耗蜀军的耐性。同时，他将难以铺展兵力的高山峻岭留给蜀军驻扎。

蜀军数次挑战，陆逊压下江东诸将的意见，拒不出战。《三国志》中记载，他对将领们说："国家所以屈诸君使相承望者，以仆有尺寸可称，能忍辱负重故也。各在其事，岂复得辞！军令有常，不可犯矣。"

双方从正月一直对峙到六月，蜀军求战不得，气势渐衰。同时，天气转热，蜀国水军无法在船上停留，只得转入山林中避暑，从此失去水陆并进的优势。此时，陆逊认为反攻的时机已到，于是命人顺风放火。火势顺着蜀军营地一路蔓延，蜀军大乱，孙吴军队趁机进攻，大破蜀军。《资治通鉴》中记载蜀军："死

清 佚名 三国演义·赵云像

赵云身长八尺，姿颜雄伟，汉末三国时期蜀汉名将，与关羽、张飞并称"燕南三士"。

清 佚名 三国演义·诸葛瑾像

三国时期孙吴重臣，蜀汉丞相诸葛亮之兄、太傅诸葛恪之父。

者万数……其舟船、器械，水、步军资，一时略尽，尸骸塞江而下。"刘备逃至永安收拢残兵，此时赵云亦率军前来接应。陆逊为防曹魏偷袭，下令吴军撤军，曹魏果然派兵偷袭吴军，结果无功而返。

三大战役

夷陵之战以孙吴一方的大获全胜而告终，而蜀汉方面经过襄樊之战和夷陵之战的连续失利，实力大为削弱。镇守长江一带的蜀将黄权因被吴军截断退路，只得投降曹魏。孙权鉴于曹魏一方的进攻，且刘备驻扎在永安，担心蜀军继续进攻江东，而与刘备议和。刘备鉴于蜀军元气大伤，只得同意。

223年，刘备因夷陵之败一病不起后去世，临终前将蜀汉朝政托付给诸葛亮。诸葛亮主持蜀汉政权后，与东吴修好，双方数十年间未起大战，魏、蜀、吴之间疆域也未有大的改变。夷陵之战被认为是三国前、后期的分界点之一，与官渡之战、赤壁之战并称三国三大战役。

回顾三国时期这三大战役，我们会发现一些有趣的现象。三次大战的起因都是势力强大的一方不顾道义，想凭借力量的强大进攻弱小的一方。在开战之前，势力强大的一方内部都存在不稳定因素，如官渡之战中沮授、田丰与袁绍、郭图等人的分歧；赤壁之战前曹操杀名士孔融；夷陵之战前诸葛亮、赵云劝阻刘备出兵。三大战役的结果都是处于劣势的一方以弱胜强，以少胜多，其获胜过程也惊人地相似，战争中弱小的一方均以火攻之计扭转战局，从而获胜：官渡之战中，曹操火烧乌巢袁军的粮食；赤壁之战中周瑜火烧曹军的战船；夷陵之战中陆逊火烧蜀军的军营。

在一场战争中，道义、名分等因素究竟能在多大程度上影响战争结果，我们仍不得而知。在这三大战役中，获胜一方的主帅采纳了合适的战术亦至关重要，但其过程却略有不同。

官渡之战和赤壁之战中，曹操和周瑜分别采纳了部下的建议，最终获胜；但夷陵之战中，陆逊却因力排众议，拒不出战而获胜。由此可知，在战争中，主帅应灵活掌握战术，既要听取部下的意见，但也不可盲目从众。

清　孔莲卿　古圣贤像传略·陆逊像

陆逊跟随孙权 40 余年，统领吴国军政 20 余年。其为人深谋远虑，忠诚耿直。他一生出将入相，被赞为"社稷之臣"。

诸葛亮北伐——出祁山未定中原

诸葛亮北伐是蜀汉丞相诸葛亮对曹魏发动的一系列进攻战，虽有所斩获，却未能实现其既定目标。

魏蜀局势

223年，刘备病逝，其子刘禅继位，由诸葛亮辅政。《三国志·蜀志·诸葛亮传》中记载："政事无巨细，咸决于亮。"此时，南中诸郡发生叛乱，诸葛亮因蜀汉新遭大丧，所以未对南中用兵，他派人与孙吴修好，重新缔结盟约。

元　赵孟頫　行书《出师表》

《出师表》是三国时期蜀汉丞相诸葛亮在决定北上伐魏、克复中原之前，给后主刘禅上书的表文。

225 年，蜀汉经过两年的休整，渐有起色，诸葛亮率军南征。他采纳马谡"攻心为上，攻城为下，心战为上，兵战为下"的建议，七擒南中首领孟获，最终令其心悦诚服。

226 年，魏文帝曹丕去世，其子曹叡继位，是为魏明帝。诸葛亮认为北伐的时机已经到来，于次年上《出师表》，并率军进驻汉中，以魏延为督前部，领丞相司马，同时派人策反投降曹魏的新城太守孟达，为伐魏进行准备。

五次北伐

228 年，诸葛亮出兵攻魏，孟达由于大意，被司马懿率军击败。蜀将魏延提出以五千精兵出子午谷袭取关中，诸葛亮因此计凶险而未采纳。他令赵云、邓芝等人带兵出箕谷，佯攻关中以吸引曹军主力，自己则率大军出祁山，进攻魏国陇右地区。诸葛亮接连取得陇右的南安、天水和安定三郡，曹魏大惊。魏明帝亲自坐镇长安，命大将军曹真率军抵抗赵云，命张郃率军抵抗诸葛亮，同时命徐邈等人反攻南安。

诸葛亮在马谡的自荐下命其防守街亭，但马谡不听属下建议，未遵照诸葛

明 戴进 三顾茅庐图 画面描绘的是家喻户晓的刘备『三顾茅庐』拜访诸葛亮的故事。

亮的嘱咐，而选择在山上扎营，结果被张郃率军包围，切断水源，随后大败。另一方面，佯攻关中的赵云等人亦因寡不敌众，被曹真击退，诸葛亮只得下令退兵，第一次北伐宣告失败。

战后，诸葛亮斩杀马谡，自贬三等。魏军迅速平定南安、天水、安定三郡，大将军曹真认为诸葛亮接下来必定会进攻陈仓，于是派郝昭等人守卫陈仓。《三国志》中记载："真以亮惩于祁山，后出必从陈仓。乃使将军郝昭、王生守陈仓，治其城。"

228年，魏吴之间发生石亭之战，吴将陆逊击败曹休，大败魏军。诸葛亮听闻曹魏大军东进，于是出兵陈仓，开始第二次北伐。但曹军在陈仓已有防备，蜀军攻之不下，粮草不继，此时魏国援军又赶来增援，诸葛亮只好退兵，在撤退时将追击的魏将王双斩杀，蜀军第二次北伐也未能成功。

229年，诸葛亮派兵攻取武都、阴平。次年，在大将军曹真的建议下，曹魏大军分三路伐蜀，诸葛亮闻讯命人加强防守。魏军因大雨连降30日，行动迟缓，魏明帝最终下诏撤军。魏延、吴壹入南安，在阳溪击败魏国将领郭淮、费曜等人。同年，蜀将赵云去世，蜀军第三次北伐亦未能取得大的战果。

231年，诸葛亮趁曹魏雍凉地区大旱再度出兵北伐，以木牛运粮，进攻祁山。曹魏一方由于大将军曹真病重，改由司马懿率军抵抗蜀军。诸葛亮随即留下王平继续领军攻打祁山堡，自己率主力北上上邽。司马懿命张郃进攻王平，自己率大军抵御诸葛亮。司马懿看出蜀军粮草不继，因此拒绝出战，与蜀军对峙。此时，蜀军中负责督运粮草的李严因大雨运送粮草不利，为推卸责任，传谕旨令诸葛亮退兵，诸葛亮只得率军返回。司马懿强令张郃率军追击，结果张郃中伏受伤，随后去世。蜀军第四次北伐也未奏效，诸葛亮将李严贬为庶人，随后休兵劝农，练兵讲武，准备再次北伐。

234年，经过三年的准备，诸葛亮再度北伐，并联合东吴，共同进攻曹魏。孙权进攻合肥，未能取胜。《三国志·明帝纪》中记载："秋七月壬寅，帝亲御龙舟东征，权攻新城，将军张颖等拒守力战，帝军未至数百里，权遁走，议、邵等亦退。"诸葛亮率军出斜谷，驻扎在渭水南岸五丈原，鉴于前几次伐魏粮尽兵退的教训，诸葛亮命居于渭水、滨水一带的百姓屯田。

曹魏一方再次派出司马懿抵挡诸葛亮，司马懿仍执行之前的策略，坚守不

133

出，拒绝与蜀军交战，双方又陷入长期对峙。八月，诸葛亮因积劳成疾，病逝于五丈原，临终前布置好了蜀军的撤退方案。诸葛亮病逝后，蜀军按照诸葛亮的安排撤军，第五次北伐也以失败告终。

北伐功过

诸葛亮的数次北伐均未能取得如期进展，诸葛亮死后，魏延因拒绝服从军令，而与长史杨仪矛盾激化，双方互相攻打，最终魏延被杀，夷三族。蒋琬接替诸葛亮，总揽蜀汉军政。杨仪对此多有怨言，被废为平民，后被勒令自杀。姜维则继续推进诸葛亮北伐的事业。

史书中对于诸葛亮北伐的是非功过众说纷纭，有人认为此举拖垮了蜀国的国力，还有人对诸葛亮北伐的动机进行揣测。按诸葛亮在《出师表》中所说，其目的应是"兴复汉室，还于旧都"。但以蜀汉的国力，是否能做到这一点，则受到很多怀疑。

对此，《后出师表》中记载，诸葛亮曾说："汉、贼不两立，王业不偏安，故托臣以讨贼也。以先帝之明，量臣之才，故知臣伐贼，才弱敌强也。然不伐贼，王业亦亡。惟坐待亡，孰与伐之？"诸葛亮还列举了六个相关事例，证明不伐魏亦是自取灭亡，伐魏的话尚有一线生机。

诸葛亮的策略，用今天网络上流行的话说，就是"梦想还是要有的，万一实现了呢"。蜀汉经过襄樊之败和夷陵之败后，国力大损，在三国之中实力最弱。多年来，蜀汉的谋臣名将又相继去世，蜀汉仅以一州之地的人力、物力，如何争霸天下？如果就此息兵，偏安一隅，长此下去，一旦外敌来袭，蜀汉将再无一战之力，不过是坐等灭亡而已，身负重任、心怀大志的诸葛亮怎会采取这种政策？所以对蜀汉来讲，若要自强图存，北伐是必然之举。

魏灭蜀之战——三国一统大幕拉开

魏灭蜀之战是三国后期魏国吞并蜀国的战争，经此一战，蜀国灭亡，三国时代的统一大幕也正式拉开。

三国乱局

239 年，魏明帝曹叡去世，年仅 8 岁的太子曹芳继位，大将军曹爽和太尉司马懿共同辅政。曹爽专权，飞扬跋扈，司马懿只得韬光养晦。249 年，司马懿发动高平陵之变，诛杀曹爽，曹魏大权从此落入司马氏手中。司马懿去世后，其子司马师、司马昭相继执掌曹魏政权。

260 年，年仅 19 岁的曹髦不甘做司马氏傀儡，他亲自拔剑登辇，带兵讨伐司马昭，结果壮烈战死。司马昭随后立曹奂为帝。司马昭的弑君之举受到当时士人的非议，很多士人同情曹髦的遭遇，拒绝与司马氏合作，司马昭亟须一场胜利来提高自己的威望，于是蜀国便成为他的攻伐目标。《三国志》中记载："文王以蜀大将姜维屡扰边陲，料蜀国小民疲，资力单竭，欲大举图蜀。"

蜀汉方面，继诸葛亮之后执掌蜀汉政权的蒋琬和费祎分别于 246 年和 253 年去世，姜维开始崭露头角。在接下来的十年中，姜维连年北伐，汉魏两国长期交战，此举大大损耗了蜀汉国力。后主刘禅宠信小人，任由宦官黄皓干预朝政。

黄皓与姜维素有矛盾，《三国志·姜维传》中记载："维本羁旅托国，累年攻战，功绩不立，而宦官黄皓等弄权于内，右大将军阎宇与皓协比，而皓阴欲废维树宇。维亦疑之。故自危惧，不复还成都。"姜维在听说魏兵将要伐蜀的消息后，将其上报至后主刘禅，但刘禅听信黄皓的谗言，未作理会。蜀汉君臣离心，其政权已摇摇欲坠。

242年，孙吴因立太子问题发生两宫之争，很多大臣亦卷入其中，孙吴开始衰落。252年，孙权去世，10岁的孙亮继位，诸葛恪、孙峻等人辅政。次年，孙峻杀死诸葛恪，独掌大权。孙峻死后，将大权交与其弟孙綝。258年，孙綝废孙亮，改立孙休为帝，但不久后被孙休联合张布、丁奉等人杀死，此时的吴国已经江河日下，积重难返。

清　佚名　三国演义·司马昭与司马炎像

魏灭蜀之战

263年，魏国18万大军分三路进攻蜀国：邓艾率领西路军出狄道进攻在沓中屯田的姜维；诸葛绪率中路军从祁山进攻桥头，切断姜维军的后路；钟会率领东路军攻打汉中。后主刘禅闻讯后，一方面派军队支援前线，另一方面向吴国求援，吴国派出丁奉等人救援蜀汉。

蜀军东路由于准备不足及将领叛变，被魏军攻下多个城池，《华阳国志》中记载："景耀六年，魏镇西将军钟会伐蜀，入汉川，围戍多下。"姜维听闻东路情况危急，于是在西路且战且退，想要支援东路。此时，诸葛绪已占领桥头，截断姜维退路。姜维佯攻诸葛绪后方，令其回援，趁机夺回桥头，成功撤退至剑阁。后主刘禅派来的援军亦赶至剑阁，姜维据险固守，魏军不得进。钟会想招降姜维，姜维对此不予理会。

此时，魏军西路军将领邓艾提出一条计策，从阴平出发，绕过剑阁，走小路经江油、涪县至绵阳，直取成都，攻击蜀军后方。如此一来，剑阁的姜维必回师救援，前方的钟会就可趁剑阁兵少挥师进攻。《三国志》中记载，邓艾说："攻其无备，出其不意。今掩其空虚，破之必矣。"

十月，邓艾率军穿越崇山峻岭，逢山开路，遇水搭桥，

清　佚名　三国演义·姜维像

清　佚名　三国演义·邓艾像

甚至带头身裹毛毡，从山坡上滚下，终于穿越七百里无人之境，到达江油。江油守军面对如同天降的魏兵，全无斗志，开城投降。刘禅听闻江油失守后，派诸葛亮之子诸葛瞻率军抵御邓艾。诸葛瞻在涪县被邓艾击败，退守绵竹。魏军在邓艾的指挥下，奋勇攻城，终于攻克绵竹，杀死诸葛瞻，邓艾大军直逼成都。

此时的蜀汉由于魏军的突然到来陷入大乱，百姓纷纷逃往山野，无法阻止。群臣亦众说纷纭，有建议逃往南中的，有建议避往江东的，莫衷一是。大夫谯周认为："自古以来，没有在别的国家还能做天子的，若要奔吴，必要臣服于吴。三国之中，魏国最强，魏国可以吞并吴国，而吴国却无法吞并魏国，所以若选择臣服，为何不臣服相对强大的魏国呢？"最终，后主刘禅在谯周的劝说下开城降魏。《三国志》中记载："艾至城北，后主舆榇自缚，诣军垒门。艾解缚焚榇，延请相见。"蜀汉自此不复存在。

钟会之乱

在前方作战的姜维听闻绵竹被攻破后，不知朝中情况如何，于是退往巴中打探虚实。钟会于是率军进入涪县。而此时姜维却接到刘禅命令其投降的文书，姜维无奈，只得到涪县投降钟会。蜀汉的士兵对此大为愤懑，《三国志》中记载："将士咸怒，拔刀砍石。"

攻灭蜀汉之后，魏国内部开始发生分裂，立了大功的邓艾开始骄傲自大，逢人便夸耀自己的功劳；钟会认为自己的才能不在司马昭之下而心生叛意。姜维看出钟会的野心，亦想要复兴蜀汉，于是煽动钟会叛乱。邓艾灭蜀之后，一心筹划灭吴之事，但他的居功自傲和自行其是令其与司马昭产生隔阂，钟会于是趁机诬陷邓艾谋反。

264年，钟会进入成都，派人逮捕邓艾父子，独掌魏军。钟会本计划与姜维进兵洛阳，但其行动被司马昭察觉。司马昭派贾充率1万军队入成都，自己则亲率10万大军进驻长安。钟会只得改变计划，想要效仿刘备以蜀中为基地夺取天下。姜维计划煽动钟会杀死魏国将领，自己再杀死钟会，光复蜀汉，但钟会的部下发动兵变，杀死姜维和钟会，成都大乱，史称"钟会之乱"。《资治通鉴》中记载："会将士死者数百人，杀汉太子及姜维妻子，军众钞略，死丧狼藉。"

第五章

两晋南北朝的大混战

晋灭吴之战——三分天下终归晋

晋灭吴之战是晋武帝司马炎攻灭东吴、实现统一的战争，是我国战争史上第一次大规模突破长江天堑的江河进攻战，为后世长江用兵提供了宝贵经验。

晋吴局势

263 年，魏灭蜀，在司马昭的计划中，灭蜀与灭吴是紧密相连的。《资治通鉴》中记载，司马昭的规划是："先定巴蜀，三年之后，因顺流之势，水陆并进，此灭虢取虞之势也。"

平蜀之后，邓艾也一心筹划灭吴之策。可惜，264 年，魏将钟会反叛，讨伐司马昭，杀邓艾，令蜀中陷入混乱。265 年，钟会之乱平定后，司马昭病逝，其子司马炎继晋王位。次年，司马炎逼迫魏元帝曹奂禅让，即位为帝，定国号为晋，司马炎即晋武帝。登上帝位的司马炎尚需稳固晋国统治，伐吴之事也就此搁置。

孙吴方面，在魏国消灭蜀国的同年，即 264 年，吴景帝孙休去世，孙皓继位为帝。在执政初期，孙皓曾立志有所作为。《江表传》中记载："皓初立，发优诏，恤士民，开仓廪，振贫乏，科出宫女以配无妻，禽兽扰于苑者皆放之。"当时的人都认为孙皓是一位明主，然而，让所有人大跌眼镜的是，孙皓的圣明并没有持续多久，在统治逐渐稳固后，他很快便沉迷酒色，猜忌臣子，大肆杀戮，就连当初拥立他的人也对他大失所望。《三国志》中记载："皓既得志，粗暴骄盈，多忌讳，好酒色，大小失望。"

孙皓继位后迁都武昌，大兴土木，劳民伤财。268 年，孙皓派大军攻晋，被晋军击败。此时，南部交阯亦发生叛乱。在之后的数年中，孙皓接连派军进攻晋朝，但均未取得显著成果。同时，孙皓的残忍好杀，令东吴内部分崩离析，宗室孙秀看见出猎的军队，竟以为是孙皓派来杀死自己的人，于是带领全家投降晋朝。

272 年，东吴西陵督步阐因惧怕孙皓诛杀，投降西晋。孙皓派陆逊之子陆抗带兵讨伐步阐。晋武帝派羊祜率 5 万大军进攻江陵，同时派杨肇攻打陆抗，救援步阐。最终，晋军因运粮道路被吴军破坏，兵少粮乏，被陆抗击败，史书中称此战为"西陵之战"。西陵之战令晋国君臣认识到：吴国虽已衰落，然而尚存一定实力，难被轻易消灭。

269 年，司马炎在稳固晋国统治后，开始筹划进攻吴国。他整顿内政，屯田聚粮；善待蜀汉降臣，稳固巴蜀；采用怀柔政策，瓦解东吴。272 年，西陵之战后，晋武帝采纳羊祜的建议，任命王濬为益州刺史，在巴蜀大量建造战船，训练水军，此举大大加强了晋军水上作战的能力，为伐吴打下坚实的基础。《晋

晋朝开国皇帝，在位初期，革新政治，振兴经济，史称『太康之治』。

唐　阎立本　历代帝王图·司马炎像

晋武帝司马炎

清 佚名 羊祜像

西晋时期杰出的战略家、政治家、文学家、曹魏上党太守羊衜之子、汉末才女蔡文姬的外甥。

书》中记载："濬乃作大船连舫，方百二十步，受二千余人。以木为城，起楼橹，开四出门，其上皆得驰马来往。又画鹢首怪兽于船首，以惧江神。舟楫之盛，自古未有。"

276 年，羊祜认为伐吴的时机已经成熟，向晋武帝上《请伐吴疏》，在其中提出"率领梁、益两州军队水陆并进而东下，荆楚军队进逼江陵，平南、豫州军队进攻夏口，徐、扬、青、兖等州军队进军秣陵，击鼓摇旗作为疑军，多方齐进"的伐吴方略。晋武帝大为赞赏，但因朝臣的反对和西北鲜卑叛乱而未能实行。羊祜于两年后去世。

灭吴之战

279 年，晋朝终于完成攻吴的准备，晋武帝依照羊祜《请伐吴疏》中的规划，派晋国 20 万大军分六路进攻东吴。此时，东吴南方正遭遇郭马之乱，吴主孙皓派丞相张悌率 3 万军队渡江迎击晋军。由于张悌策略失误，导致吴军战败。《资治通鉴》中记载："吴兵以次奔溃，将帅不能止，张乔自后击之，大败吴兵于版桥……并斩孙震、沈莹等七千八百级，吴人大震。"随后，晋军一路势如破竹，所到之处，吴军毫无战意，望风而降。

此时，已经穷途末路的吴主孙皓竟醒悟过来，《江表传》中记载，他在给舅舅何植的信中反思了自己多年来所犯的错误，总结了东吴灭亡的原因，最后说道："至孤末德，嗣守成绪，

清 佚名 孙皓像

孙皓是东吴末代皇帝，在位初期施行明政，后沉溺酒色，专于杀戮，变得昏庸暴虐，惊动中原，令晋朝感到惶怖。

不能怀集黎元，多为咎阙，以违天度……兵之背战，岂怨兵邪？孤之罪也。……天匪亡吴，孤所招也。"随后，孙皓决定效仿刘禅的做法，肉袒面缚，到晋军营中请降，他在给群臣的信中说："今大晋平治四海，劳心务于擢贤，诚是英俊展节之秋也。"孙皓劝东吴群臣放弃抵抗，投降晋朝，东吴自此灭亡。

三分归一统

晋灭吴之战与魏灭蜀之战一样，只持续了一年左右的时间，其过程比魏灭蜀之战要更加顺利，远没有钟会攻剑阁及邓艾渡阴平那般艰难。造成这种差异的原因，既与晋朝君臣长达十年的准备有关，也与消灭蜀汉后，晋朝在人力、物力、地利方面的优势密切相关。当然，吴主孙皓的暴虐无道也是孙吴灭亡的重要原因，孙皓在给何植及群臣的信中，对此总结得很详细，限于篇幅，无法再次一一列举。然而，等到兵临城下才醒悟过来为时已晚，正如孙皓给群臣信中所说的，此时"夫复何言，投笔而已"。

晋灭吴之战是中国战争史上第一次大规模突破长江天堑的江河进攻战，孙吴灭亡，晋朝一统天下，结束了东汉末以来近百年的分裂局面。西晋名将羊祜虽未能参与此战，但在战争的准备及谋划过程中发挥了重要作用。《晋书·羊祜传》中记载："祜卒二岁而吴平，群臣上寿，帝执爵流涕曰：'此羊太傅之功也。'"

八王之乱——触目惊心的王室夺权战

八王之乱是西晋时期由皇族争权所引发的内乱，也是我国历史上严重的皇族内乱之一，不仅使西晋迎来亡国之祸，更导致了此后中原地区数百年的动乱。

晋氏隐患

西晋统治者司马氏通过篡夺曹魏政权而登上帝位，司马氏是士族出身，其篡魏立晋，亦是自身实力壮大的结果。东汉末年，土地兼并严重，在长期的战乱中，士族趁势崛起，成为一股不可忽视的力量。司马氏得位不正，为拉拢人心，对士族采取优待的策略，令士族力量进一步壮大。同时，为了防止自己"禅代"曹魏之事重演，司马氏又特别注意提防士族，防止其实力壮大后对皇权构成威胁。

鉴于魏文帝曹丕为集中皇权采取削弱藩王的策略，最终导致曹魏宗室力量薄弱，为司马氏篡权提供了可乘之机的教训，265 年，晋武帝登基后，大封同姓王室，以郡为国，分封了 27 个同姓王。277 年，晋武帝又制定了王国置军的制度，将封国分为大、次、小三等，授予同姓王军权，令其各依其封国大小保有一定的军队数量。同时，晋武帝还分封了很多异姓士族为王。晋武帝的本意是令诸王势力形成一道屏障，拱卫王室，所以最初诸王只有军权，而无行政权力。但随着诸王力量的壮大，地方行政权力亦被其掌握，诸王郡国向割据势力发展，晋朝的军队部署亦呈现出外重内轻的局面。

267 年，晋武帝封次子司马衷为皇太子，司马衷为人愚钝，不能服众。290 年，晋武帝去世，太子司马衷继位，是为晋惠帝，外戚杨骏和汝南王司马亮共同辅政。

八王之乱

杨骏在太后杨氏的帮助下独揽朝政,将司马亮排挤回封地,还控制了禁军。杨骏既无威望又能力不足,其大权独揽招致很多公卿王室的不满。晋惠帝皇后贾南风野心勃勃,想要干预朝政,但碍于大权被杨骏掌握,于是她一方面勾结朝臣意图诛杀杨骏、废掉太后杨氏;另一方面暗中联络汝南王司马亮和楚王司马玮,要求他们领兵讨伐杨骏。291年,司马玮带兵入朝,贾南风随即伪称杨骏谋反,司马玮带人将杨骏诛杀。贾南风将太后杨氏囚禁于金墉城活活饿死,杨氏势力被根除。

杨骏死后,贾南风征召汝南王司马亮任太宰,元老大臣卫瓘任太保,任命司马玮为卫将军,朝政由司马亮和卫瓘把持,贾南风依然未能掌控朝政。她对此大为不满,矫诏令司马玮杀死司马亮和卫瓘。但之后晋惠帝在张华的建议下,以矫诏之名处死司马玮。从此,朝政大权落入贾南风手中,八王之乱第一阶段结束。

贾南风掌权后,忌惮晋惠帝太子司马遹贤明,于是密谋废黜太子。此时,赵王司马伦和大臣孙秀亦图谋不轨,打算在贾南风杀掉太子后,再以此为名除掉贾南风,掌控朝政。299年,贾南风诬陷太子谋反,随后将其废为庶人,没过多久,又派人将其毒死。《晋书》中记载:"癸未,贾后矫诏害庶人遹于许昌。"

贾南风谋害太子的行径引起很多皇室中人的不满,赵王司马伦趁机以谋害太子的罪名废掉贾南风,随后将其毒死,贾南风一众党羽也被处死。司马伦伪造诏书自封相国,从此独掌朝政大权。淮南王司马允看出司马伦有篡逆之心,密谋将其铲除,可惜以失败告终,司马允被处死。301年正月,司马伦废黜晋惠帝,自立为帝,将晋惠帝软禁于金墉城。同年四月,

魏文帝曹丕

唐 阎立本 历代帝王图·曹丕像

三国时期政治家、文学家,曹魏开国皇帝,魏武帝曹操之子。

齐王司马冏、河间王司马颙、成都王司马颖起兵讨伐司马伦，司马伦兵败被杀。司马冏迎接晋惠帝复位，晋朝国政落入司马冏手中。《晋书》中记载："及王舆废伦，惠帝反正，冏诛讨贼党既毕，率众入洛，顿军通章署，甲士数十万，旌旗器械之盛，震于京都。天子就拜大司马，加九锡之命，备物典策，如宣、景、文、武辅魏故事。"

司马冏掌权后变得骄纵跋扈，不可一世。302 年，河间王司马颙上表列司马冏罪状，声称将发兵讨伐司马冏，并传布檄文让长沙王司马乂作为内应。司马乂也对司马冏专权不满，密谋诛杀司马冏。司马冏随后发兵攻打司马乂，但战败被杀，其余党羽也被诛杀。《晋书》中记载："冏遣其将董艾袭乂，乂将左右百余人，手斫车辖，露乘驰赴宫，闭诸门，奉天子与冏相攻，起火烧冏府，连战三日，冏败，斩之，并诛诸党与二千余人。"晋朝大权又落到司马乂手中。

303 年，对司马乂掌权不满的司马颙行刺不成，派部下张方与成都王司马颖起兵讨伐司马乂。司马乂固守洛阳，多次击败来犯之敌，双方战事持续数月。次年，朝中的东海王司马越趁机发动兵变，逮捕司马乂后将其烧死。司马颖入城，被封为皇太弟，朝政落入司马颖手中。司马颖并没有吸取前几任辅政者灭亡的教训，《晋书》中记载他专政后"僭侈日甚，有无君之心，委任孟玖等，大失众望"。

304 年，东海王司马越传檄四方，讨伐司马颖，但随后战败，逃回东海。司马颖又遭到东瀛公司马腾及王浚联合乌丸、鲜卑等势力的共同讨伐，司马颖战败后带惠帝由邺城逃至洛阳，结果被司马颙派来支援邺城的部下张方劫持至长安，司马颖就此失势。

305 年，东海王司马越以劫持晋惠帝的罪名，起兵讨伐司马颙和张方。司马颙交战不利，杀死张方求和未获准许，于是逃往太白山。次年，逃到新野的司马颖被捕杀。同年，司马颙被征入朝，在赴任途中被司马越的弟弟派人杀死，八王之乱结束。东海王司马越执掌朝政，成为八王之乱的最后赢家。

307 年，晋惠帝暴卒，司马越立司马炽为帝，是为晋怀帝。司马越掌权之后，诛杀忠良，排除异己，威望大损。311 年，晋怀帝下诏讨伐司马越，司马越忧惧而亡。六月，匈奴人刘渊之子刘聪的军队攻入洛阳，晋怀帝在逃往长安途中被俘，太子司马铨被杀，史称"永嘉之乱"，西晋灭亡。

淝水之战——苻坚一统南北的希望破灭

淝水之战是东晋与前秦之间进行的一场战争，是我国历史上著名的以少胜多的战役之一，最终以东晋军队获胜而告终。

南北对立

永嘉之乱后，西晋灭亡。琅琊王司马睿在王导的辅佐下，于318年在江东登上帝位，改元太兴，据有长江中下游以及淮河、珠江流域地区，史称"东晋"。由于力量薄弱，东晋皇室长期与士族门阀共掌大权，形成门阀政治的格局。372年，晋简文帝去世，皇太子司马曜继位，是为孝武帝。次年，对皇室威胁最大的士族门阀首领桓温去世，太原王氏的王坦之与陈郡谢氏的谢安共掌朝政。《资治通鉴》中记载："时天子幼弱，外有强臣，安与坦之尽忠辅卫，卒安晋室。"

375年，王坦之去世，谢安与桓氏的桓冲分居朝堂内外，共同辅佐晋室。

此时，北方经过长期的纷乱，已被前秦第三任君王苻坚统一。苻坚励精图治，广施仁政，劝课农桑，任用王猛等汉人实行改革，前秦的国力逐渐强盛。《资治通鉴》中记载："当是之时，内外之官，率皆称职；田畴修辟，仓库充实，盗贼屏息。"苻坚致力于实现天下统一，谋划进攻东晋。

377年，鉴于前秦已统一北方，东晋北方边境压力陡增，朝廷征召文武良将镇守北方。同时，谢氏鉴于自身在军队方面的薄弱，谢安推举自己的侄儿谢玄为兖州刺史，镇守广陵。谢玄在北方招募军队，组建精锐部队"北府军"。《晋书》中记载："时苻坚方盛，玄多募劲勇……以牢之为参军，领精锐为前锋，百战百胜，号为'北府兵'，敌人畏之。"

清 佚名 谢安像

谢安治国以儒、道互补，作为高门士族，能顾全大局，以谢氏家族利益服从于晋室利益。齐人王俭称其为"江左风流宰相"。

清 佚名 谢玄像

东晋名将、军事家，豫州刺史谢奕之子、太傅谢安的侄子。

378年，前秦派东西两路大军进攻东晋，长乐公苻丕任征南大将军，与尚书慕容垂、姚苌等人率17万大军进攻襄阳；随后，又令兖州刺史彭超进攻彭城。西路的苻丕等人成功占领襄阳，但东路的彭超却在谢玄的反击下大败，史称"淮南之战"。383年五月，桓冲率10万军队北伐前秦，虽取得一定战果，但随后就被慕容垂等人用计击退。

淝水之战

383年八月，苻坚派遣阳平公苻融督帅张蚝、慕容垂等人的步、骑兵共25万人作为前锋，任命兖州刺史姚苌为龙骧将军，督益、梁州诸军事。随后亲率步兵60万、骑兵27万，大举进攻东晋。《资治通鉴》中记载，苻坚狂傲地宣称："以吾之众旅，投鞭于江，足断其流。"东晋朝廷任命谢石为征虏将军、征讨大都督，以谢玄为前锋都督，与辅国将军谢琰、西中郎将桓伊率8万军队抵抗前秦，并派龙骧将军胡彬率5000水军援助寿阳。

面对来势汹汹的前秦军队，谢石等人打算据城固守。十月，苻坚派东晋降将朱序劝谢石投降，但朱序当初只是因襄阳城破，走投无路而诈降前秦，朱序到来后，反而劝谢石趁前秦的大军还未集结，先发制人，击败前秦的先锋部队，夺其气势，然后便可击败敌军。谢石在谢琰的建议下采纳了朱序的建议。十一月，谢玄派北府军将领刘牢之带5000精兵奔袭洛涧，击杀前秦将领梁成，又截断其军队退路，前秦军队崩溃，争赴淮水，死者

清　谢彬　淮淝奏捷图

此图描绘谢安于山中运筹帷幄，指挥将士击败前秦入侵的故事。

达 15000 人。

前秦大军随后进军淝水，晋军遭到阻拦，无法渡河。谢玄致书前秦军，请求对方后撤，令己方渡河，双方决一胜负。前秦诸将认为应据河阻拦晋军，但苻坚与苻融却想趁晋军半渡之际，以铁骑冲杀晋军，一举取胜，于是下令晋军后撤。《资治通鉴》中记载："初，秦兵少却，朱序在陈后呼曰：'秦兵败矣！'众遂大奔。"前秦军队因此陷入混乱而无法阻止，谢玄等人遂趁机发动进攻，前秦军队大败。《晋书》中记载："坚众奔溃，自相蹈藉投水死者不可胜计，肥水为之不流。余众弃甲宵遁，闻风声鹤唳，皆以为王师已至，草行露宿，重以饥冻，死者十七八。"

南北之乱

淝水之战以东晋军队的以少胜多而告终。前秦落败的主要原因在于苻坚统一北方之后，未稳固统治而仓促南下，对东晋战力了解不足，战前骄傲轻敌以致落败。淝水之战阻止了北方少数民族南下，为江南地区经济的恢复和发展创造了条件，使东晋王朝的统治得以延续。

然而，淝水之战后，东晋王朝的统治上层仍发生分裂。384 年，谢安遭到以孝武帝及其胞弟司马道子为代表的司马氏皇权的排挤，出居广陵，于次年病逝。谢石也与王氏产生矛盾而自行去职，于 389 年病逝。在谢石病逝的前一年，谢玄亦因病去世。随着谢家三位主要人物的离世，陈郡谢氏的门阀政治亦落下帷幕，太原王氏随之再度崛起。

孝武帝收回大权后却沉迷酒色，荒废朝政，大权逐渐落入司马道子手中。孝武帝与司马道子之间的矛盾日渐尖锐，396 年，孝武帝被张贵人杀死，其子司马德宗继位，是为晋安帝。因晋安帝愚笨，大权落入司马道子父子及王国宝手中。王恭与庾楷及殷仲堪、桓玄举兵讨伐司马道子手下爪牙，东晋从此陷入长期战乱，直至灭亡。

北方的前秦在淝水之战后元气大伤，其旧部纷纷独立，慕容垂建立后燕，姚苌建立后秦，慕容冲即西燕皇帝位。苻坚遭到西燕与后秦的联手进攻，最终被姚苌杀死，其子苻丕继位，北方陷入分裂。

刘裕灭后秦之战——意义重大的北伐之战

刘裕灭后秦之战，是东晋时期太尉刘裕率领东晋军队灭亡后秦的战争，是南方政权北伐中原的经典战例。经此一战，我国北方统一之势也进一步形成。

南北局势

东晋王朝末年，政局动荡，北府军将领刘裕在平定叛乱的过程中崭露头角，他灭孙恩、破桓玄，掌控朝政；随后攻灭南燕，平定卢循之乱，讨伐叛乱的刘毅，攻灭谯蜀。414年，刘裕实行改革，他惩治豪强，选拔人才，轻徭薄赋，实行土断，增强东晋国力。次年，刘裕击败司马休之，平定南方割据势力，东晋王朝再度统一，其势力蒸蒸日上。

与南方相反，此时的北方仍处于分裂状态，各个政权之间相互攻伐。北魏在拓跋珪的经营下，迅速壮大，灭亡后燕。但409年，拓跋珪被杀，其子拓跋嗣继位，北魏陷入内乱，随后又与北方的柔然展开争雄，一时无暇南顾。

后秦姚苌去世后，其子姚兴继位。姚兴是一位有作为的君主，他留心政事，兴办学校，选拔人才，整顿军纪，后秦逐渐成为北方强国。《读史方舆纪要》中记载，其领土"南至汉川，东逾汝颍，西控西河，北守上郡"。但后秦于401年在柴壁之战中败于北魏，令其实力受损，无力再与北魏争雄。

406年，秃发傉檀用计从后秦手中取得凉州。同年，后秦将南乡十二郡归还东晋，其力量进一步被削弱。407年，赫连勃勃在后秦北方建立大夏政权，从此大夏与后秦陷入长期的战争之中。与大夏之间的战争，极大地损耗了后秦的人力、物力，姚兴只得靠增加税收来弥补国用的不足。416年，姚兴去世，他的几个儿子争夺帝位，进一步削弱了后秦的国力。最终，太子姚泓继位为帝。

灭秦之战

清 佚名 刘裕像

东晋至南北朝时期政治家、军事家，刘宋开国皇帝。

416 年，姚兴派兵进攻东晋雍州之地的襄阳，后秦军队战败，姚兴于同年去世，后秦政局一度陷入混乱。刘裕抓住时机，于次年进攻后秦。刘裕将东晋的军队兵分五路：一路进攻洛阳，一路进攻长安，一路进攻许昌，还有两路水军入黄河，阻拦北魏军队南下。

此时的后秦仍与大夏交战中，后秦有人提出应集中力量对付东晋，但姚泓最终决定两线作战。同时应对大夏与东晋，这令后秦在战争开始时就处于被动的境地。在战争初期，晋军的进攻十分顺利，王镇恶、檀道济等人先后攻克许昌、洛阳。但由于晋军过于深入，一度被后秦军队切断补给，形势危急，王镇恶派人到后方向刘裕求救。此时，刘裕的大军正在黄河沿岸与北魏军交战，由于北魏军队的骚扰，无法输送粮食。《宋书》中记载，刘裕指着岸上的北魏军队对王镇恶的使者说："我语令勿进，而轻佻深入。岸上如此，何由得遣军？"后来，王镇恶亲自到弘农筹粮，方令晋军的危机得到缓解。晋军在沈林子的坚持下出战，先后击败姚绍、姚赞等人。

四月，刘裕以却月阵击败北魏军队，进入洛阳。随后，刘裕派沈林子率军支援进攻关中的沈田子。姚泓打算凭借兵力优势先击溃晋军相对薄弱的沈田子部，然后再与刘裕率领的晋军主力决战。沈田子趁秦军包围未稳时率军出击。《宋书》中记载："合围数重，田子抚慰士卒……前后奋击，所向摧陷……贼众一时溃散，所杀万余人。"姚泓败于沈田子后，关中诸郡已经胆寒，见东晋军队攻来，望风而降。八月，王镇恶率军攻入长安，姚泓率群臣请降，后秦灭亡。

长安沦陷

417 年冬，刘裕抵达长安，准备经略赵、魏。此时，留守南方的重臣刘穆之去世，刘裕命其子刘义真和长史王修、王镇恶、沈田子等人留守关中，自己返回南方。次年，大夏国主赫连勃勃见刘裕离去，在谋臣王买德的建议下，发兵进攻关中。沈田子见夏军势大，退守刘回堡。王镇恶对其怯战不满，双方矛盾加深。

王镇恶本是北方人，其祖父王猛是苻坚时前秦丞相，在北方颇有威望。沈田子妒忌王镇恶攻破长安，功劳在自己之上，曾对刘裕说王镇恶不可信任，刘裕却认为自己在关中留守的众人足以提防王镇恶，若其心生不轨是自取灭亡。王镇恶与沈田子共同出兵抵抗夏军，此时又有传言说王镇恶将要反叛，沈田子矫诏将王镇恶召至军中杀死，长史王修随后以擅杀大将的罪名处死沈田子，刘义真听信谗言又将王修处死。留守的晋军自相残杀，局势一发不可收拾。《资治通鉴》中记载："王修既死，人情离骇，无相统一。"

刘裕听闻长安之乱，急令朱龄石镇守长安，命刘义真速回。刘义真和将士大掠财宝、美女，车载南还，为夏军追及。朱龄石阵亡，刘义真单骑逃逸，长安再度沦陷。

很多史家对于刘裕仓促南返，以至关中沦陷，北伐的大好形势毁于一旦扼腕叹息。有人认为刘裕返回南方是急于篡弑，从时间上看，确实存在这种可能。418年，刘裕受封宋公，加九锡。次年，刘裕鸩杀晋安帝，改立恭帝。两年后，刘裕代晋称帝，建立刘宋政权。也有人认为，刘裕掌控东晋多年，若篡弑早有机会，不必非要选在这个时候。这种说法值得商榷，刘裕在灭桓玄后，虽掌控大局，但当时北有南燕，南有卢循，西有谯蜀，内部还有刘毅、司马休之等人掣肘，刘裕实难行篡弑之举。刘裕在416年才将南方统一，随即进攻后秦，在此之前实际并没有适合篡位的机会。

刘裕之所以仓促返回南方，还在于其统治内部的不稳。刘穆之死后，关中和江南，刘裕必须选一个地方亲自坐镇，大本营江南自是优先之选。事实证明，刘裕离开关中之后，关中文武诸臣随即自相残杀，可见刘裕集团内部并不稳固。刘裕与淝水之战前的苻坚面临相同的情况，在形式上实现统一后，并没有时间去稳固内部的统治。事实上，在那个时代，平民出身的人能走到刘裕这一步已是极限，若要实现统一北方，进而统一天下，需要几代人的努力。

北魏统一北方之战——十六国分裂的终结

北魏统一北方之战是十六国时期北魏统一北方的一系列战争，结束了十六国分裂局面，开启了南北朝对峙的新时代。

北魏崛起

鲜卑拓跋部原居于东北兴安岭一带，后西迁至原匈奴所在的漠北地区，拓跋力微时又南下云中。338 年，拓跋鲜卑首领什翼犍称代王，建代国，都盛乐，拓跋鲜卑开始逐渐强大。但 376 年，苻坚统一北方，代国被前秦灭亡。淝水之战后，前秦瓦解，其麾下各部族趁势崛起。386 年，拓跋什翼犍之孙拓跋珪在牛川召开部落大会，即代王位，正式恢复代国，后改称魏王。

拓跋鲜卑因居于原匈奴所属领地，一部分匈奴与其融合，但还有一部分匈奴与其对立。拓跋珪建立北魏后，最先与匈奴刘显、刘卫辰两个部落产生矛盾，刘显还曾支持拓跋窟咄与拓跋珪争夺拓跋部的领导权。最后，在后燕慕容垂的帮助下，拓跋珪于 387 年击败刘显，之后又于 391 年击败刘卫辰，扫除了这两个部落的威胁，并俘获大量物资。

在解除匈奴的威胁后，拓跋珪开始经略北方，北魏的北方是高车和柔然两个部族，其中尤以柔然更加强大。拓跋珪于 389 年击败高车，391 年击败柔然，从此，阴山以南诸部都向北魏投降，北魏成为北方具备实力的强国之一。

统一北方

北魏实力增强以后，不可避免地与北方另一强国后燕产生矛盾，双方的关

北魏孝文帝元宏壁画

北魏孝文帝是中国历史上杰出的少数民族政治家、改革家。

北魏孝文帝迁都石刻

太和十八年（494年），孝文帝正式宣布迁都洛阳。迁都洛阳之后，孝文帝立即着手改革鲜卑旧俗，全面推行汉化。

北魏骑马女鼓手　彩陶

北魏或北齐彩绘陶驯鹰人俑（墓陶）

系从友好转向敌对。北魏联合西燕共同对抗后燕。394年，后燕灭亡西燕。次年五月，慕容垂派太子慕容宝率步骑98000人攻魏。双方相持不下之际，后燕发生内乱，燕军撤退。拓跋珪趁黄河结冰，派两万精骑追击燕军，在参合陂大败燕军。《魏书》中记载："生擒其陈留王绍、鲁阳王倭奴、桂林王道成、济阴公尹国、北地王世子钟葵、安定王世子羊儿以下文武将吏数千人，器甲辎重、军资杂财十余万计。"

396年，慕容垂亲率大军伐魏，拓跋珪见燕军势大欲退走，但燕军随后因慕容垂病逝而退兵，北魏转危为安。同年，拓跋珪趁后燕大丧，率40万大军攻燕，虽然攻下信都，但无法攻克邺和中山，北魏损兵折将。拓跋珪想要议和，但燕主慕容宝不许。燕军夜袭魏军营地，反被魏军大败，此时后燕慕容氏内乱，慕容宝逃往龙城，魏军随后占据中山和邺。398年，拓跋珪正式裁定国号为"魏"，迁都平城。同年十二月初二，改元天兴，即皇帝位。

在击败后燕入主中原后，北魏与后秦并立为北方双雄，双方之间的大战一触即发。402年，后秦姚兴派姚平率4万大军攻魏。《晋书·姚兴传》中记载："先是，魏主拓跋珪送马千匹，求婚于兴，兴许之。以魏别立后，遂绝婚，故有柴壁之战。"魏军在柴壁之战中击败后秦军队，拓跋珪本想趁势攻秦，但因柔然进攻魏北方边境，拓跋珪只得退兵。

409年，拓跋珪被杀，其子拓跋嗣继位，是为魏明元帝。拓跋嗣于410年和414年亲率大军进攻柔然。422年，拓跋嗣趁宋武帝刘裕病逝之机，派军进攻刘宋，夺取黄河南岸要地和山东青兖等地。423年，拓跋嗣在征战过程中因病去世，其子拓跋焘即位，是为太武帝。

424年，柔然派6万大军攻入魏云中地区，攻陷盛乐。太武帝拓跋焘认识到，若不解决北方柔然的问题，魏无法全力与刘宋争雄。所以，424年和425年，太武帝两次北击柔然，柔然大汗向北逃遁，柔然的扰边问题得到缓解。

425年，大夏统治者赫连勃勃病逝，诸子互相攻伐，关中大乱。拓跋焘抓住机会，于426年率军攻夏。魏军兵分两路，一路攻长安，一路攻夏都城统万。魏军虽取得长安，但无法攻克统万。次年，夏军反攻长安。此时，进攻统万的拓跋焘以诱敌之计击败夏军，夏主赫连昌逃往上邽。魏军追击至上邽，俘虏赫连昌。但其弟赫连定收拢夏军残兵，在平凉即皇帝位，延续大夏政权。此时，北方的柔然趁机再度进攻北魏，拓跋焘只得暂时放过赫连定，北上进攻柔然。

429年，拓跋焘派大军进攻柔然。魏军长途奔袭，大破柔然军队，招降受柔然控制的高车部落，从此柔然势力转衰，拓跋焘基本解决了北方的边境问题。随后，腾出手的拓跋焘再度进攻大夏，先后取得长安、平凉，赫连定逃往上邽。431年，赫连定灭西秦后，打算进攻北凉，但遭到吐谷浑袭击，随后被生擒，送至北魏，次年被处死，大夏灭亡。

此时，北方只剩北燕和北凉较为强大，北凉与433年臣服于魏。拓跋焘于432年、433年、435年，三次攻打北燕，围攻其都城和龙，北燕向刘宋求救，但刘宋无力支援北燕。436年，北燕国主冯弘逃奔高丽，北燕灭亡。

439年，北凉国主沮渠牧犍图谋不轨，暗中联络柔然反抗北魏，并下毒谋害和亲的北魏武威公主。拓跋焘于是发兵进攻北凉，北凉军队望风而降，沮渠牧犍妄图联合柔然抵抗魏军，但其侄沮渠万年率先向北魏投降，都城姑臧随即被攻破，沮渠牧犍只得率群臣出降，北凉灭亡。

北魏经过拓跋珪、拓跋嗣、拓跋焘等几代人的努力，终于统一北方，结束了西晋末以来北方分裂割据的局面，与南朝宋形成南北对峙的格局，中国历史由此进入南北朝时期。

北魏攻宋河南之战——北上与南下的争霸战

北魏攻宋河南之战是南北朝时期，北魏与刘宋之间围绕河南地区进行的一场战争，虽最终北魏占据河南多镇，但也付出了沉重的代价。

宋魏局势

422 年，宋武帝刘裕去世，太子刘义符继位，是为宋少帝，他游戏无度，不理朝政。424 年，司空徐羡之、中书令傅亮、领军将军谢晦、护军将军檀道济等人发动政变，将刘义符废黜并杀害，改立宋武帝第三子宜都王、荆州刺史刘义隆为帝，是为宋文帝。

宋文帝继位后，顾忌徐羡之等人势大，徐羡之等人亦担心宋文帝忌恨他们杀死少帝之事，双方互不信任。426 年，宋文帝在檀道济的支持下，以擅杀少帝的罪名，处死徐羡之、傅亮、谢晦等人。随后，掌握大权的宋文帝开始整顿吏治，劝课农桑，减轻赋税，广开言路，抑制豪强，刘宋政权呈现出欣欣向荣的景象，史称"元嘉之治"。

422 年～423 年，北魏趁宋武帝病逝进攻刘宋，夺取洛阳、虎牢、滑台、碻磝四个重镇，掌控河南地区。宋文帝一直有收复河南地区的想法，429 年，宋文帝向北魏太武帝拓跋焘索要河南地区，此时的北魏已征服后燕，击败后秦、大夏、柔然，国力正盛，太武帝拓跋焘对宋文帝的要求置之不理。

三次北伐

430 年，宋文帝命到彦之率军北伐。北魏因驻守南方的士兵较少，主动撤退，宋军趁势收复河南失地。但宋军将领王仲德认为北魏不会轻易放弃这些地区，必定会集结兵力，趁冬季黄河结冰时南下，他建议在青州等地屯兵稳固前线。但到彦之没有采纳他的建议，而是分兵把守黄河沿线，令宋军兵力大为分散。十月，魏军果然趁黄河结冰进攻河南，夺取洛阳、虎牢等地。宋文帝命檀道济率军北上攻魏，但到彦之见洛阳、虎牢失守，下令烧毁船只，抛弃辎重撤退，令宋军损失惨重。《南史·到彦之传》中记载："初遣彦之，资实甚盛。及还，凡百荡尽，府藏为空。"

次年，宋文帝令檀道济救援滑台。檀道济率军与北魏军队展开激战，重创敌军，但终因粮尽而退兵，刘宋第一次北伐失败。

446年，北魏骚扰宋边境，掳掠百姓。宋文帝将伐魏再次提上日程，御史中丞何承天上《实边论》，认为应在淮、泗等地大规模种粮，以充实青、徐二州，然后坚壁清野，整肃甲兵，等对方来攻时，找机会反击。但宋文帝一心想收复河南，未采纳此建议。彭城太守王玄谟迎合宋文帝，屡次上疏北伐。

450年，已经统一北方的太武帝率10万大军南侵，杀戮甚多，后因攻悬瓠不下，宋援兵又至，于四月退兵。七月，宋文帝派大军分三路北伐，东路由王玄谟率领，进攻碻磝、滑台等地；中路臧质等人率步骑10万进攻许昌、洛阳；西路军以雍州刺史随王刘诞为统帅，进攻弘农、长安。

在战争初期，宋军东路军和中路军进展顺利，各有所获，但西路军却行动缓慢。十月，东路王玄谟因多次拒绝部下建议，导致围攻滑台三个月不克，魏国援军切断王玄谟退路。太武帝亲率大军进攻王玄谟，宋军大败。《宋书·王玄谟传》中记载："及拓跋焘军至，乃奔退，麾下散亡略尽。"宋中路军也在魏永昌王拓跋仁的反攻下遭遇失败，无奈撤退。

清 佚名 宋文帝像

宋文帝在其统治期间，采取抑制豪强的政策，努力推行繁荣经济政策，重视农业生产，并使赋役均摊，国家生产经济因此大力提升，有"元嘉之治"之称。

清 佚名 檀道济像

东晋末年名将，军事家，刘宋开国元勋，左将军檀韶之弟。

159

此时，宋西路军却取得了丰硕的战果，数次击败魏军，占领弘农、潼关。宋文帝认为宋军在东路和中路接连失败的情况下，西路军不宜孤军深入，于是下令西路军撤退，宋军再度丢失潼关等地，从此转入战略防守。

宋军撤退后，太武帝命令魏军分五路攻宋，魏军虽有取胜，但彭城和寿阳两地却久攻不下，魏军于是放弃攻城，直接进军长江沿岸。魏军连过刘宋青、冀、兖、徐、豫、南兖六州，沿途抄掠，江淮人民坚壁清野，对抗魏军。魏军抄掠无所得，军资奇缺，于是打算进攻宋屯粮重地盱眙，遭到太守沈璞与辅国将军臧质奋力抵抗，攻之不下，魏军只得继续前进，进逼建康。

魏军扬言渡江，宋文帝戒严建康，征召壮丁，派水军沿江面巡逻。此时，魏军粮尽，太武帝于是掠民户数万北还。回程路上，魏军想要再度进攻盱眙，遭到宋军的坚决抵抗，双方展开惨烈的攻防战。《资治通鉴》中记载："魏人乃肉薄登城，分番相代，坠而复升，莫有退者，杀伤万计，尸与城平。"魏军围城20余日不下，营中又发生瘟疫，太武帝听闻宋彭城守军准备截断其退路，于是率军撤退。宋军第二次北伐失败，国力大损。司马光评价说："自是邑里萧条，元嘉之政衰矣。"

452年，北魏太武帝拓跋焘遇弑身亡，宋文帝不顾群臣反对，再次北伐。宋军攻城不下，魏军挖地道偷袭宋军，宋军大败，第三次北伐亦以失败告终。

北伐败因

宋文帝数次北伐，不仅未能收复河南失地，反而令魏军长驱直入，大肆掳掠，刘宋损失惨重。当时北魏统一北方，实力正盛，太武帝拓跋焘雄才大略，而宋虽有所恢复，但仍未具备灭亡北魏的实力。加之宋廷经历动乱，文臣武将凋零，436年，宋文帝杀檀道济，檀道济临死前怒曰："乃坏汝万里长城。"宋军二次北伐失败，被魏军围困建康时，宋文帝曾感叹："若檀道济在，何至于此！"宋文帝还数次对前线将领的指挥进行干预，令将领束手束脚。这些都是北伐失败的原因。

452年，北魏太武帝拓跋焘遇弑；453年，宋文帝遇弑。南北双方均陷入内乱，双方的战争暂时止息。

侯景之乱——南朝空前浩劫

侯景之乱，又称"太清之难"，是南北朝时期南朝梁将领侯景发动的一次反叛战争，对南北朝的政治格局产生了深远影响，也为隋统一全国奠定了基础。

三足鼎立

北魏末年，朝政腐败，徭役繁重，其境内不断爆发叛乱和起义。经过六镇之乱与河阴之变后，晋州刺史高欢掌握大权。532年，高欢立元修为帝。两年后，元修不甘被高欢控制，逃奔关中，投靠宇文泰，高欢另立元善见为帝。535年，宇文泰杀死元修，立元宝炬为帝，北魏分离为东魏和西魏，其皇帝皆为傀儡，大权分别由高欢和宇文泰掌握。

在南方，萧衍于502年取代萧齐，建立梁朝，萧衍即梁武帝。梁武帝即位后，尊崇门阀士族，宽待宗室。他勤于政事，选拔人才，修订刑律，兴办学校，教授儒学，制定礼乐。南朝在梁武帝的治理下，经济繁荣，文化兴盛。

梁武帝像

此像现藏于台北故宫博物院，作者不详，所绘人物为梁武帝，是南朝诸帝中在位时间最长的皇帝。

161

彩绘的石材浮雕

此浮雕雕刻了梁朝后期的一位战士的形象。

但梁武帝的统治也存在很多问题，他对宗室过于宽纵，导致宗室子弟聚敛财富，胡作非为；南方士族待遇优厚，腐化堕落；梁朝玄学与佛学盛行，社会风气萎靡不振，浮华成风；梁武帝佞佛，大兴寺庙，耗费巨大的人力财力，还曾三次舍身同泰寺。同时，梁朝百姓负担日益沉重。《资治通鉴》中记载，侯景曾评价说："梁自近岁以来，权幸用事，割剥齐民，以供嗜欲……今日国家池苑，王公第宅，僧尼寺塔；及在位庶僚，姬姜百室，仆从数千，不耕不织，锦衣玉食；不夺百姓，从何得之！"

北魏分裂后，南方的梁朝与北方的东魏、西魏形成鼎立之势，其中东魏占有中原地区，实力最为强大；西魏领土狭小，最为孱弱。侯景是东魏将领，曾率军与梁朝作战，他与高欢之子高澄不合。547年，高欢去世，其子高澄写信召还侯景，侯景于是反叛。侯景先投靠西魏，西魏虽授予其爵位，但并不发兵相助，他于是投降梁朝。

梁武帝不顾群臣反对，采纳朱异之言，接纳侯景，并下诏以侯景为大将军，封河南王、都督河南北诸军事。侯景虽降梁，但仍与西魏来往。高澄派兵征讨侯景，南梁和西魏都派军相助侯景。西魏征召侯景入长安，实际上是削其兵权，侯景拒绝。于是，西魏宇文泰断绝与侯景的来往，侯景完全投靠梁朝。但随后高澄派来的军队击败侯景和梁朝援军，梁军将领萧渊明被

清　佚名正　帝鉴图说彩绘本　　此图描绘了梁武帝舍身佛寺的故事。

俘，侯景率数百残兵逃回梁朝，东魏收复侯景献给梁朝的土地。梁朝损兵折将之下，除侯景残兵外，一无所获。

侯景之乱

侯景入梁后，提出与王、谢等士族联姻，梁武帝门第不够而拒绝，侯景心怀怨恨。梁军被东魏击败后，梁武帝认识到梁朝军队战斗力不足，于是与东魏修好。此举令侯景大为紧张，侯景伪造东魏书信给梁武帝，提出以侯景交换被俘的梁朝宗室萧渊明，梁武帝竟然同意，侯景于是密谋反叛。《资治通鉴》中记载："于是始为反计，属城居民，悉召募为军士，辄停责市估及田租，百姓子女，悉以配将士。"

梁武帝的侄子萧正德曾投靠北魏，后逃回南梁，梁武帝竟不加责备，仍令其担当要职。萧正德不思悔改，继续为非作歹，他与侯景互相勾结，并密谋造反。有人向梁武帝举报侯景谋反，梁武帝认为侯景走投无路，正是依靠梁朝之时，不会谋反，对侯景不加提防，还为其输送物资、兵器。

548年八月，侯景以"清君侧"的名义起兵反叛。梁武帝仍不以为意，派邵陵王萧纶统率诸军，征讨侯景。侯景佯攻合肥，实则在萧正德的帮助下渡江攻占采石，兵锋直指建康。梁武帝将防务交给太子萧纲，但在萧正德的内应之下，侯景很快攻克建康，围困台城。十一月，萧正德称帝，封侯景为丞相，加紧进攻台城。

此时，梁朝宗室萧绎、萧誉、萧督等起兵增援建康。侯景击败萧纶，并派兵阻拦援军。而梁朝的各路援军却互相猜忌，毫无战心。台城被围困数月，苦待援军。《资治通鉴》中记载："被围既久，人多身肿气急，死者什八九，乘城者不满四千人，率皆羸喘。横尸满路，不可瘗埋，烂汁满沟，而众心犹望外援。"

549年三月，侯景攻破台城，梁武帝被囚，最后活活饿死。侯景杀死萧正德，立太子萧纲为帝，是为简文帝。侯景随后派兵进攻吴郡，梁朝军队不堪一击，纷纷投降，侯景遂占据三吴之地。梁武帝死后，梁朝宗室为了争夺帝位互相攻打，萧绎杀死萧恺、萧誉，他的世子萧方等亦死于内战中。萧督投奔西魏，萧纶、萧范、萧大心诸王也相互攻击，梁朝一片混乱。

550 年，梁湘东王萧绎派徐文盛进攻侯景，徐文盛战败。次年，萧绎派王僧辩等人再度进攻侯景，侯景在巴陵战败，狼狈逃回建康，战局自此开始扭转。同年，交州刺史陈霸先率帅军北上，讨伐侯景。侯景废梁简文帝，改立梁武帝曾孙豫章王萧栋为帝，旋即弑杀简文帝。十一月，侯景逼萧栋禅位于己，改国号为汉，建元太始。

552 年，萧绎传檄讨伐侯景，王僧辩与陈霸先会师，联手进攻侯景。联军先后攻破石头城和台城，侯景逃往海上，被部下杀死，侯景之乱平定。

梁朝灭亡

侯景死后，武陵王萧纪称帝于蜀，萧绎亦在江陵即位，双方随后互相攻打，萧绎联合西魏进攻萧纪。553 年，萧纪被部下杀害，其侄萧詧入朝西魏，请求出兵击萧绎。554 年，萧绎与西魏因疆界问题决裂，宇文泰发兵征讨萧绎，萧绎兵败被杀。萧詧依靠西魏称帝，史称后梁或西梁。

在南方，王僧辩和陈霸先本打算拥立梁元帝之子萧方智为帝，但在北齐的干预下，王僧辩于 555 年改立萧渊明为帝，萧方智为太子。陈霸先恼怒王僧辩擅自废立，攻杀王僧辩，立萧方智为帝。两年后，萧方智禅位于陈霸先，梁朝灭亡。

侯景之乱造成的后果极为严重，江南的经济文化遭到巨大破坏，门阀士族凋零，百姓死伤无数，南朝自此衰落。西魏趁机占领南朝大片土地，为后来统一北方奠定了基础。

北周灭北齐之战——北方分裂割据局面的终结

北周灭北齐之战是北周武帝宇文邕发起的一场统一北方之战，经此一战，北齐灭亡，北周统一北方。

齐周建国

北魏分裂为东魏和西魏后，556年，宇文泰去世，其子宇文觉袭爵，因宇文觉年幼，朝政大权由宇文泰的侄子宇文护执掌。次年，宇文护迫使西魏恭帝禅位于宇文觉，宇文觉正式即位称天王，国号大周，史称北周。

宇文觉不甘心朝政被宇文护控制，于是密谋除掉宇文护，但事情泄露，宇文护遂先发制人。557年，宇文护废黜宇文觉，随后又将其毒死，改立宇文泰的另一个儿子宇文毓为帝。然而，令宇文护意外的是，宇文毓也不是一个任人摆布的人。宇文护假意将军权以外的大权归还皇帝，宇文毓竟不推辞，照单全收。宇文护发现其无法控制，于是在宇文毓继位不到一年后，于560年将其毒死，又立宇文泰四子宇文邕为帝，宇文邕即北周武帝。相比于北周前两任皇帝的奋起反抗，宇文邕更懂得韬光养晦，他对宇文护大加尊崇，令群臣不得直呼其名，对宇文护的家人大加封赏，亦不干涉朝政。

564年，宇文护发兵攻打北齐，于邙山之战中大败，令其威望大损。宇文护回朝后请罪，北周武帝对其丝毫不加责备。《周书》中记载："以无功，与诸将稽首请罪，帝弗之责也。"宇文邕的低调行事，令宇文护逐渐放松警惕。572年，北周武帝利用宇文护朝见太后的机会，将其击杀，随后掌握北周大权。之后他进行了一系列改革，使北周国力更为强盛。

另一方面，东魏权臣高欢死后，其子高澄袭位。549年，高澄被人刺杀，其弟高洋继续执掌东魏大权。次年，高洋迫东魏孝静帝禅位，登基称帝，改国号为齐，史称北齐。高洋在登位初期励精图治，颇有作为，北齐一度政治清明，国力强盛。但高洋执政后期，沉迷酒色，大兴土木，大肆杀戮，最终于559年暴毙，其子高殷继位。因高殷年幼，朝政大权由高洋的弟弟高演掌握。560年，高演发动政变，废杀高殷登上皇帝宝座。高演留心政事，选贤任能，改善民生，轻徭薄赋，但在登位次年，高演即病逝，临终前传位给其弟高湛。

高湛荒淫无道，宠信奸佞，诛杀宗室，北齐国力开始衰落。565年，高湛将皇位传给他的儿子高纬，自号太上皇帝。高纬的昏庸更甚于高湛，他生活奢靡，不理朝政，其乳母陆令萱及奸佞穆提婆、和士开、高阿那肱等人把持朝政，琅邪王高俨、太傅斛律光、兰陵王高长恭等人皆被杀戮，北齐政局愈发混乱。

唐　阎立本　历代帝王图·北周武帝像

南北朝时期北周第三位皇帝，武成二年（560年）至宣政元年（578年）在位。

灭齐之战

575年，北周武帝见北齐朝政混乱，决定出兵攻打北齐。七月，宇文邕发兵十余万，分兵六路进攻北齐，双方在河阴地区交战。为争取民心，北周大军在齐境内秋毫无犯。北周军队虽一路攻城略地，但金墉城和潬城久攻不下，加之北齐援军将至，北周武帝又于此时生病，北周只好撤军。

次年，北周武帝集中14万兵力，再度进攻北齐。北周武帝此次改变战术，以晋州为进攻

北齐菩萨头

菩萨头用整块砂岩雕琢而成，刻画得十分精致，形象丰腴，气质端严。

167

洞真太上八素真經

太上曰洩漏天文隱書已告天章誅其三祖

又下三官絕其身命生被水火死為下鬼

洞真七聖玄記經

高聖君曰受七聖玄記迴天九霄曰蘭青錄

之文師授不盟輕洩寶文弟子受而无信籍

披玉篇同被風刀之考七祖充青三塗五苦

萬劫不原五帝神兵恒紀漏洩明慎奉行

洞真曲素決辭經

受曲素決辭之法不交人物求感其應必可

授者乃得傳之傳非其人妄洩寶經則七祖

父母受真榜於地獄

洞真青要紫書經

夫有宿命應見此文者必有神仙定錄也玉

帝寶祕不傳於世妄說之者則九天刺軒奏

於帝君言子之罪太上使五帝神兵罰子之

身七祖父母受考水官

洞真玉佩隱玄洞飛內文經

自非玄名於丹臺綠字於玉清不得而輕傳

自非神授其骨登玄岳而告盟列金青以擔

又曰受者不關天靈得經玉童玉女列奏高

上罰以五帝神兵輕洩者罰於九祖考減已

身受而不盟疎遠七玄身被風刀曰然失經

故上元君告於五帝曰經非盟而不告受不

關而失真彼此死生之青學者宜依文而奉

焉

洞真龍景九文赤書經

輕洩寶文失盟刑殘七玄之祖受考鬼官

洞真金虎真符

傳非其人身入風火七祖父母長考于水官

洞真高上玉清刻名內文

傳非其人為北帝所奏飲延七祖長充鬼青

身沒刑殘

无上祕要卷苐三

開元六年二月八日沙州敦煌縣神泉觀道士馬處

幽巖觀道士馬垣一奉為七代先亡及所生父

母法界蒼生敬寫此經供養

北周　武帝宇文邕《无上秘要》手稿

《无上秘要》在魏晋南北朝众多道书中堪称巨帙，是研究魏晋南北朝道教和道经不可或缺的参考资料，也是校勘早期道书的重要依据。

見真經當密行來靈神身易感計日成仙

洞真四極明科

上清天皇地皇人皇大字皆大有清虛妙法

洞元寶元目元金名方諸青宮不得私聞有

其文者傳非其人冒淹履穢不恭有靈違犯

其禁七祖受考青亮右官經山食火經一掠

化生非人之道

洞玄靈寶上經大劫小劫符玉訣上清寶文

玄洞之道目元玉骨玄圖紫字綠名不得見

開有其文者而不崇奉讖慓真文輕露宣洩

流放非真有犯其禁七祖充青考屬　右官

罰以刀山火鄉之難三塗五苦三掠得過生

非人之道

高上大洞真經卅九章素靈大有妙經雌一

玉撿五老寶經金華洞房紫書上文龜山元

錄白簡金根上清大寶朗書瓊文帝章上官

寶篇凡卅一卷此獨立之訣万高上玄映之

道洞天天玉清寶文極於已成真人有金骨玉

藏石書帝廟錄札紫庭得受此經不恭科忌

慓不信天真輕洩聖文使世見聞為玉童所

奏七祖父母被考

靈此文不可得而授音不可得而聞輕洩

七祖充青已身殞裳負考三塗

洞真黃素卌四方經

太上道君曰夫有宿命應得見此文者皆去

挺開會必有神仙定之此之神經不傳於世

又妄說之者則三天剌軒上開帝君告子之

罪以為宣漏之愆

洞真藏景鍊形神經

傳之違科盟三祖考于水官已元仙巽死

為下鬼

洞真太霄朗書經

合真之人當得此文得者寶秘勿妄輕傳洩

露靈篇九祖被考充青鬼官

洞真九真中經

傳授之法皆師及弟子相授以崇玄秘授非

其人不遵法度為洩宣天寶漏慓違擔死為

下鬼万七祖受風火之罪自非同焉寶當聞

口

洞真變化寶真上經

師不依年限而授弟子則身受風刀之考

洞真□赤□符玉帝內真四

清　佚名　帝鉴图说彩
绘本

此图描绘了北齐后主高纬弹
琵琶行乞取乐的情形。

清　佚名　帝鉴图说彩
绘本

此图描绘了北齐文宣帝高洋
纵酒妄杀的情景。

重点，采取围点打援的策略，以消灭北齐援军，随后挥师东进，灭亡北齐。北周军攻克平阳侯，主力撤退，留 1 万人镇守。十一月，高纬率 10 万大军包围平阳，因高纬和冯淑妃多次延误战机，导致平阳城久攻不下。十二月，北周武帝率 8 万军队支援平阳。双方大战，齐军大败，死者万余人，高纬逃奔晋阳，北周军趁势追击。高纬将皇位传给 8 岁的儿子高恒后，想要投奔陈朝，为北周追兵所俘，送往长安，次年被杀，北齐灭亡。

齐周之治

北周与北齐采用截然不同的治国方式，北周武帝推崇儒学，推广儒家仁义孝悌的道德规范，其治国方式更偏向汉化。同时，北周武帝抑制佛教，《高僧传》中记载，他下令"毁破前代关山西东数百年来官私所造一切佛塔，扫地悉尽。融刮圣容，焚烧经典。八州寺庙，出四十千，尽赐王公，充为第宅。三方释子，灭三百万，皆复军民，还归编户"，此举亦增强了北周的国力。

反观北齐，它的核心主要为六镇流民及关东世族，更多地继承了北魏鲜卑人的传统，因而提倡鲜卑文化。北齐的君主大多昏庸暴虐，宗室享有极大特权，政治黑暗，民不聊生，社会矛盾尖锐。同时，北齐崇尚佛教，邺城是当时北方佛教的中心，大量百姓出家为僧，广建寺庙，在一定程度上也削弱了北齐的国力。

在消灭北齐后，鉴于北方突厥强势，北周武帝于 578 年分兵五路进攻突厥。然而，北周武帝在进军途中染病，回到长安后病逝，其子宇文赟继位，是为北周宣帝。宇文赟荒淫无道，沉迷酒色，大兴土木，滥施刑罚，《周书》中记载他："大尊初临四海，德惠未洽，先搜天下美女，用实后宫。"北周国力转衰。580 年，宇文赟去世，其幼子宇文阐继位，外戚杨坚执掌大权。次年，杨坚迫宇文阐禅位，北周被隋取代。

第六章
隋唐五代的征伐之战

隋北征突厥之战——远交近攻，离强合弱

隋北征突厥之战是隋朝与突厥间的长期战争，经此一战，隋朝将疆域扩张到了蒙古高原，对中原经济文化的发展起到了重要作用。

突厥崛起

突厥起源于阿尔泰山地区，曾臣服于柔然，后建立突厥汗国。北周与北齐对立时，都曾献厚礼拉拢突厥。后来北周灭北齐统一北方，杨坚以隋代周，对突厥逐渐冷落。581 年，佗钵可汗去世，他的四个儿子互不服从，最后突厥立了其中三个为汗。《隋书》中记载，摄图为号伊利俱卢设莫何始波罗可汗，一号沙钵略，治都斤山；菴罗降居独洛水，称第二可汗；大逻便为阿波可汗。此外，沙钵略可汗的堂叔玷厥居住在突厥西面，称为达头可汗。在突厥的这些可汗中，沙钵略可汗的威望最高。《隋书》中记载："沙钵略勇而得众，北夷皆归附之。"

沙钵略可汗对隋朝的怠慢大为不满，他的妻子是北周的千金公主，千金公主因杨坚代周建国而心怀怨恨，常劝沙钵略可汗替北周复仇。适逢营州刺史高宝宁发动叛乱，沙钵略可汗遂决定与之联合进攻隋朝。

互相攻伐

581 年，沙钵略可汗与高宝宁对隋朝发动进攻，杨坚派人修筑长城，巩固边防。次年，沙钵略可汗联合第二可汗、阿波可汗、达头可汗与步离可汗等人，共率领 40 万大军攻入隋长城以南。隋军在马邑之战和可洛峐山之战中击败突

唐　阎立本　历代帝王图·隋文帝

汉太尉杨震十四世孙，隋朝开国皇帝，开皇元年（581年）至仁寿四年（604年）在位。

明　佚名　隋文帝像

唐　阎立本　隋文帝像

176

厥，延缓了突厥入侵的速度。隋行军总管达奚长儒率 3000 人与沙钵略可汗激战，将其击退，但隋军在西北却接连被突厥击败。583 年，突厥军抄掠陇西陕北六郡，沙钵略可汗想要继续南侵，达头可汗不从。隋朝长孙晟散布铁勒将进攻突厥牙帐的消息，沙钵略可汗于是退兵。

583 年二月，沙钵略可汗再度南侵，隋文帝杨坚大怒，下诏讨伐突厥。他认为以前采用厚待突厥的策略，突厥非但不感恩，反而趁机借助隋朝所赐的物资壮大力量，侵犯边境。与其如此，不如将这些物资赏赐给将士，同时还能减轻百姓的负担。《隋书》中记载，杨坚在诏书中说道："广辟边境，严治关塞，使其不敢南望，永服威刑。"这应是隋军北伐突厥的战略目标。

隋朝大军分八路出塞攻打突厥，沙钵略可汗率领阿波可汗、贪汗可汗等部迎战隋军。四月，隋军与沙钵略可汗部遭遇，隋军将领李充利用突厥轻敌的心理，率军突袭突厥，大获全胜，沙钵略可汗狼狈逃走。当时，突厥遭遇大旱，粮食匮乏，军中瘟疫流行，死者甚众。

五月，隋军击败阿波可汗部，隋文帝采纳长孙晟"远交近攻，离强合弱"的策略，成功游说阿波可汗与隋朝交好。沙钵略可汗闻知此事后，带兵占领阿波可汗的领地，并因贪汗可汗与阿波可汗交好，废去贪汗可汗的汗位，阿波可汗和贪汗可汗于是投奔达头可汗。达头可汗随后派军进攻沙钵略可汗，双方从此长期交战。达头可汗与阿波可汗在大漠以西建立西突厥，而在原突厥领地上，以沙钵略可汗为首建立东突厥，双方均派使者到隋朝通好，希望得到隋朝的援助。《隋书》中记载："连兵不已，各遣使诣阙，请和求援，上皆不许。"

584 年，东突厥数次被隋朝军队击败，又遭到西突厥的进攻，沙钵略可汗向隋朝请和，千金公主亦上书隋朝，请求改姓杨氏。隋文帝派使者出使东突厥，改封千金公主为大义公主，赐姓杨氏。次年，沙钵略可汗遭西突厥阿波可汗攻击，又畏惧东面契丹的强大，请求迁移至漠南地区，隋文帝同意，派其子杨广率军接应。隋军帮助沙钵略可汗击败阿波可汗，并将俘获的物资赠予沙钵略可汗，双方由此结盟，以沙漠为界。《隋书》中记载："官军为击阿拔，败之，所获悉与沙钵略。沙钵略大喜，乃立约，以碛为界。"

587 年，东突厥沙钵略可汗去世，其弟处罗侯继位为汗，即莫何可汗。次年，莫何可汗病逝，突厥人拥立沙钵略可汗的儿子雍虞闾为汗，是为都蓝可汗。莫何可汗的儿子阿史那染干居北方，号突利可汗。

同年，隋灭陈，隋文帝将陈后主的屏风赐予大义公主。大义公主写诗怀念北周，隋文帝得知后，大为不满。大义公主与西突厥谋划攻隋，隋朝使者揭发大义公主与侍从通奸，将其废黜。此时，突利可汗请求与隋朝通婚，隋文帝令裴矩告诉突利可汗，杀死大义公主方可通婚。于是，突利可汗在都蓝可汗面前诋毁大义公主，都蓝可汗于是将大义公主杀死。突利可汗随后与都蓝可汗互相攻伐，隋朝常居中调停。

597 年，突利可汗到隋朝迎娶公主，隋文帝为分化突厥，对其待遇甚厚。都蓝可汗听闻后恼怒，与隋朝绝交，并多次骚扰边境。599 年四月，都蓝可汗与达头可汗发兵进攻突利可汗，突利可汗战败，亡入隋朝，被封为启民可汗。隋文帝命汉王杨谅、高颎、杨素、燕荣等人进攻来犯的都蓝可汗，都蓝可汗战败撤退，随后被部下杀死。达头可汗自立为步迦可汗，统和东、西突厥。

600 年，达头可汗犯边，隋军在水草中放毒，突厥死伤甚重，只得退兵。隋军趁势追击，斩首千余。次年，突厥思力俟斤渡过黄河，击败启民可汗，俘获 6000 余人、牲畜 20 余万。隋将杨素率军追击，击败思力俟斤，夺回全部人口和牲畜。

北方安定

突厥在经历三次与隋朝的战争后，再也无力进攻隋朝，其统治亦逐渐崩溃。603 年，突厥所属的铁勒、仆骨等十余部落都投奔启民可汗，达头可汗西逃吐谷浑。607 年，隋炀帝在塞外大宴启民可汗及契丹、奚、霫等族族长，还赠送大量丝织品。东突厥启民可汗于河套地区在隋朝的保护下稳固可汗的宝座，隋朝因此获得北方的安定。

隋炀帝征高句丽之战——炀帝亲征，劳民伤财

隋炀帝征高句丽之战是隋炀帝发起的亲征高句丽的战争，经此一战，隋朝国力损耗严重，统治危机日益加深，为灭亡埋下隐患。

高句丽崛起

永嘉之乱后，中原陷入混乱，高句丽趁势崛起，逐渐控制了朝鲜半岛北部。随后，高句丽开始对外扩张，进攻百济、契丹，占领辽水以西的大片领土。隋朝时，高句丽已成为东北方的强国，其与隋朝的关系也逐渐转入战争状态。据《隋书》中记载，在开皇初年，高句丽和隋朝还保持着比较友好的关系，隋灭陈之后，高句丽畏惧隋朝的强大，开始防备隋朝，"治兵积谷，为守拒之策"。

不仅如此，高句丽还联合其他国家对抗隋朝。596年，高句丽联合突厥之事被隋朝使者发现，隋文帝命高句丽停止与突厥联盟，并臣服隋朝。公元598年，高句丽王率靺鞨骑兵万余进攻辽西，被营州总管韦冲击退。隋文帝闻知后大怒，命汉王杨谅、上柱国王世积率大军30万，分水、陆两路进攻高句丽。但天降暴雨，道路泥泞难行，粮草供应不上，隋军食物匮乏，又遭遇瘟疫，处境艰难。隋朝的水军在海上遭遇大风，战船多沉没。此时，高句丽王上表谢罪，隋军于是退兵，此战隋军损失惨重，死者十之八九。

三征高句丽

隋炀帝继位后，高句丽再次暗通突厥，突厥启民可汗将此事告知隋炀帝。610年，隋炀帝警告高句丽，令其尽君臣之礼，按时朝觐，高句丽王不听，于

唐 阎立本 历代帝王图·隋炀帝

高丽太祖王建像

朝鲜半岛历史上著名的政治家、军事家、高丽王朝开国之君。

是隋炀帝决定征讨高句丽。

611年，隋炀帝下诏征讨高句丽，命幽州总管在东莱海口造船300艘，因官吏督促甚急，工匠日夜站立在水中，腰部以下皆生蛆，死者十之三四。隋炀帝还下令召集天下军队，无论远近皆到涿郡汇合。他还征召大量民夫运送粮食、兵甲，长期往来路上的有数十万人，路上死者相枕，《隋书》中记载，此次征高句丽的人数"总一百一十三万三千八百，号二百万，其馈运者倍之"。隋军三路进攻，计划在平壤会师，另外还有来护儿率水军从海上进攻。

612年三月，隋朝大军抵达辽河，隋炀帝命令宇文恺修筑浮桥发动攻势。隋军因浮桥太短，难以上岸，高丽军趁势进攻。《资治通鉴》中记载："隋兵骁勇者争赴水接战，高句丽兵乘高击之，隋兵不得登岸，死者甚众。"两日后，隋军才修好浮桥，登岸与高句丽军大战，高句丽兵败，隋军包围辽东城。由于隋炀帝干涉军队指挥，令三军事事上报获准后方可行动，导致贻误战机，军队不敢擅自行动，辽东城久攻不下。隋炀帝亲自到前线责备将领，但仍无济于事。

此时，来护儿率领的水军因轻敌冒进遭遇大败。宇文述率领的大军因指挥不当，导致粮食匮乏，士卒疲惫，只得退兵，结果被高句丽军追击，损兵折将而回。隋朝军队遭遇连番失败，只得撤退，隋炀帝第一次征高句丽以失败告终。《资治通鉴》中记载："初，九军渡辽，凡三十万五千，及还至辽东城，唯二千七百人，资储器械巨万计，失亡荡尽。"与此同时，隋朝的百姓因徭役繁重，田地荒芜，米价奇高，官吏剥削而生计艰难，于是相聚为盗，屡禁不止。

613年，隋炀帝再度发兵，御驾亲征高句丽。隋军再次围困辽东城，隋炀帝吸取前次的教训，令前线将领便宜行事。高句丽军队据城固守，隋军攻城20余日不能下。此时，隋军后方在黎阳郡督运粮草的杨玄感密谋造反。

杨玄感是隋朝名将杨素之子，杨素战功卓著，又助杨广获得帝位，于是居功自傲，与杨广不合，后因病去世。杨玄感见朝政紊乱，心怀异志，故意督运粮草不力，隋炀帝派人催促，杨玄感于是起兵谋反。隋炀帝闻讯后，密令诸将撤军，隋军的大量辎重被遗弃。《资治通鉴》中记载："军资、器械、攻具，积如丘山，营垒、帐幕、案堵不动，皆弃之而去。"高句丽军不敢追击，两日后在辽水赶上隋军后军，击杀数千人。

杨玄感之乱被迅速平定，隋炀帝为追查其同党而大肆杀戮，有3万人被杀，

高句丽壁画

清　佚名　帝鉴图说彩绘本

此图描绘的是隋炀帝游幸江都的情景。

其中大部分人都是枉死，被流放的还有 6000 人。隋炀帝还将曾接受杨玄感放粮的百姓坑杀。

614 年，隋炀帝再次提出征讨高句丽，百官无敢言者。三月，隋炀帝到达涿郡，隋军在路上相继逃亡。隋炀帝杀叛军以祭祀神灵，仍无法阻止隋军逃亡。来护儿击败高句丽军，打算进攻平壤，高句丽王惧怕请降，隋炀帝大悦，召还来护儿。来护儿认为这是一举击溃高句丽的最佳时机，但诸将畏惧隋炀帝，皆不愿战，隋军只得撤退。

高句丽王请降只是缓兵之计，隋炀帝返还西京后，征召高句丽王入朝，高句丽王不应。隋炀帝想再次讨伐高句丽，但未能成行。

隋朝灭亡

隋炀帝三次征讨高句丽，均未能取得如期战果，反而劳民伤财，损兵折将，百姓徭役繁重，民不聊生。人民起义不断，隋朝国力损耗严重，已处于崩溃边缘。

617 年四月，李密率瓦岗军进攻东都；五月，李渊在晋阳起兵，同年十一月攻入长安，拥立杨侑为皇帝，遥尊杨广为太上皇；618 年，宇文化及在江都发动政变，杀死杨广。李渊问讯后，逼杨侑禅位于己，建立唐朝。王世充在洛阳拥立杨侗为帝，次年，王世充逼杨侗禅位，国号"郑"，隋朝灭亡。

洛阳虎牢关之战——大唐王朝奠基之战

洛阳虎牢关之战是秦王李世民率兵进攻洛阳、虎牢关的战争，是唐王朝统一天下的关键之战，同时也让秦王李世民名扬天下，为之后的玄武门之变打下基础。

群雄割据

隋炀帝死后，天下群雄割据，李渊在关中称帝建唐，王世充在洛阳称帝建郑。此外，还有窦建德、薛举、梁师都、李轨、萧铣等割据势力。北方的突厥也逐渐强盛，号称"控弦者百万"，契丹、室韦、吐谷浑、高昌诸国皆臣服于突厥，就连中原的许多割据政权也依附于突厥。

618年，李渊称帝后，唐朝很快就与割据陇右的薛举父子展开争雄。六月，李渊任命其子李世民为元帅攻打薛举。九月，薛举病逝，其子薛仁杲继位，李世民以轻骑大破薛军，薛仁杲请降，唐朝取得陇右地区。

619年十月，刘武周部下宋金刚攻陷晋、浍二州，唐高祖李渊见敌兵势大，想要放弃河东之地，被李世民阻止。李渊随后将关中兵力全部交予李世民，令其攻打刘武周。李世民在柏壁之战中大破宋金刚，刘武周逃往突厥。经过此战，唐朝不仅巩固了关中地区，还获得了代北的大片领土。

另一方面，宇文化及杀死隋炀帝后，立隋炀帝的侄子秦王杨浩为傀儡皇帝。宇文化及率军北归时，被李密击败。随后，王世充又击败李密，于619年在洛阳称帝，国号郑。

洛阳虎牢之战

　　唐朝将关中的形势稳固后，开始将目光投向中原地区。当时，中原地区以洛阳的王世充和河北的夏王窦建德最为强大。李渊采取"先郑后夏"的方针，派李世民进攻王世充。

　　620年，李世民率领唐军在慈涧与郑军交战，大破郑军，王世充退守洛阳。李世民派兵蚕食洛阳周围的城镇，郑军守将纷纷不战而降，河南的大片土地被唐军占领，洛阳的粮线被切断。于是王世充向窦建德求救，郑、夏之间本有旧怨，但窦建德鉴于唐军势大，郑国与夏之间唇亡齿寒，于是发兵救援王世充。

　　621年，李世民发兵围困洛阳，郑军趁唐军壁垒未成之际，派两万士兵出击。李世民沉着应战，双方数次激战，唐军终于击退郑军，随后完成对洛阳的包围。唐军昼夜攻城，连续十几日仍未能攻克洛阳。有人提议退兵，在李世民和封德彝的坚持下，唐军继续围困洛阳。

　　此时，洛阳城内王世充的统治已岌岌可危，其部下不断叛逃。于是王世充实行严刑峻法，被囚的人多达上万。城中粮食已尽，百姓饥饿，就连公卿大夫也被饿死。《旧唐书》中记载："既艰食，馁死者日数十人。世充屯兵不散，仓粟日尽，城中人相食。……其尚书郎卢君业、郭子高等皆死于沟壑。"当初洛阳宫城内有三万户人家，如今却只剩不到三千。

　　三月，窦建德率领十几万援军，对外号称30万，进驻成皋。唐军内部对于是战是退产生

李渊像

李渊在初唐颁行的一些措施，确立了有唐一代的基本制度、政策，为后来的"贞观之治"打下了基础。

宋 佚名 唐太宗立像

唐太宗在位初期，听取群臣意见，虚心纳谏，对内文治天下，厉行节约，劝课农桑，实现休养生息、国泰民安，开创"贞观之治"。

分歧，李世民力排众议，将军队分为两路：一路由齐王李元吉率领，继续围困洛阳；李世民则亲率 3500 骑兵奔赴虎牢，迎战窦建德。窦建德与唐军数次接战失利，夏军将士皆思北归。窦建德又拒绝了部下凌敬提出的渡河北上、攻占怀州河阳的建议，执意攻打虎牢。李世民以诱敌之计令夏军出阵交战，趁夏军疲劳率一骑兵突袭，大破夏军，活捉窦建德。

李世民押着窦建德到洛阳见王世充，王世充见援军已败，再无战意，打算突围逃走，但郑军将领皆不同意。王世充只得出城请降，唐军占领洛阳。《旧唐书》中记载："太宗入据宫城，令萧瑀、窦轨等封守府库，一无所取，令记室房玄龄收隋图籍。于是诛其同恶段达等五十余人，枉被囚禁者悉释之，非罪诛戮者祭而诔之。"

在洛阳虎牢之战中，李世民再次展现了出色的军事才能，他既能虚心纳言，又能坚持己见；他目光敏锐，对敌我双方的优劣势一览无遗；他临危不乱，指挥镇定，以 3000 余精骑破窦建德 10 万大军更是神来之笔。自此之后，北方基本平定。

纷争的伏笔

洛阳之战后，唐高祖李渊认为李世民功勋卓著，自古以来的任何官阶都与其功劳不符，于是加李世民天策上将封号、执掌陕东道大行台一职，位在王公之上，食邑 3 万户。李世民

清　佚名　帝鉴图说彩绘本

此图描绘的是唐太宗弘文开馆、与多位贤臣议事的情景。

随后开文学馆，招揽有才之士。与此同时，李世民的显赫战功与地位令其与太子李建成的矛盾日益突出，为日后玄武门之变埋下了伏笔。

另一方面，王世充投降后被流放巴蜀，在赴任途中被仇家杀死。窦建德被押付长安处死，其部将刘黑闼召集夏军旧部起兵反唐，迅速收复河北失地。622年，李世民率军在洺水击败刘黑闼，斩首万余级，刘黑闼逃奔突厥，山东平定。刘黑闼随后从突厥借兵，再度进攻山东。623年，唐军经过几次换帅后，李建成和李元吉击败刘黑闼，将其斩杀，再度平定山东。

宫廷戏本《取洛阳》

大唐征西之战——唐与西域诸国战争

626 年，李世民发动玄武门之变，登上皇位，是为唐太宗。唐太宗即位后，开启了后世称为"贞观之治"的序幕。630 年，唐朝俘获东突厥首领颉利可汗，东突厥灭亡，群臣及四夷皆称万岁。《旧唐书》中记载："自是西北诸蕃咸请上尊号为'天可汗'。"

大唐征西之战是唐朝在征灭东突厥后，对西域诸国展开的军事战争，其目的主要是征灭西突厥以恢复对西域地区的统治。

唐军征吐谷浑

634 年，吐谷浑首领伏允拒绝朝觐唐太宗，进犯唐朝边境并扣留唐朝使者，唐太宗决定发兵征讨吐谷浑。唐名将李靖主动请缨出战，唐太宗大喜，于 635 年命李靖率侯君集、李道宗、薛万钧、李大亮等人领兵进攻伏允。当时正值冬季，伏允边撤退边放火烧掉野草，令唐朝军马乏食。唐军有人提议撤军，李靖采纳侯君集的建议，兵分两路追击伏允。唐朝两路大军经过数次交战，分别击败吐谷浑军队，杀伤甚重，一路追至青海、且末等地，伏允在逃亡途中被部下杀死，其子慕容顺投降唐朝，吐谷浑灭亡。

征高昌

639 年，高昌王麴文泰归顺西突厥，与西突厥犯伊吾，掠焉耆，阻绝西域商道，唐太宗召其入朝，麴文泰称病不朝。于是，唐太宗派吏部尚书侯君集为交河道大总管率军征讨高昌。麴文泰认为高昌与唐相距 7000 余里，中间又有

壁画中的吐谷浑人驯马场景

沙漠阻隔，唐军难以到达，于是对此不加理会。640 年，侯君集率唐朝大军到达柳谷，此时麴文泰已经病死，其子麴智盛继位。

侯君集劝降未果，于是率唐军攻城。唐军在出发前，召集了很多会制作攻城工具的人，唐军利用撞车、抛石车等攻破其城池，虏男女 7000 余人，随后围困高昌都城。高昌曾与西突厥约定共同对抗唐朝，但西突厥畏惧唐军，没有出兵救援，高昌王麴智盛只得出降。《旧唐书·侯君集传》中记载："君集分兵略地，遂平其国，俘智盛及其将吏，刻石纪功而还。"唐朝平定高昌后，在其地设西州都护府。同年九月，为对抗西突厥，在交河城设安西都护府。

征龟兹

642 年，唐朝将领郭孝恪出任凉州都督、安西都护、西州刺史，先后击败西突厥及焉耆王龙突骑支等人。647 年，唐太宗任命突厥人阿史那社尔为昆丘道大总管，契苾何力、郭孝恪为副大总管，征发铁勒、突厥等部十余万骑兵，进讨龟兹。唐军出其不意，先击败西突厥，从焉耆西进攻龟兹，龟兹震恐。唐军随后以诱敌之计击败龟兹 5 万大军，龟兹王外逃，被唐军抓获，龟兹灭亡。唐朝攻打龟兹之举大大震慑了西域诸国。《资治通鉴·唐纪》中记载："凡得七百余城，虏男女数万口。社尔乃召其父老，宣国威灵，谕以伐罪之意，立其王之弟叶护为主，龟兹人大喜。西域震骇，西突厥、于阗、安国争馈驼马军粮。"唐朝此后将安西都护府迁至龟兹都城。

龟兹敦煌壁画

征讨西突厥

657 年，西突厥沙钵罗可汗阿史那贺鲁叛乱，唐高宗任命苏定方为伊丽道行军大总管，率军征讨西突厥。苏定方先击破西突厥处木昆部，其俟斤（首领）懒独禄率领兵众 1 万多帐投降，苏定方对其加以安抚。随后，沙钵罗可汗率 10 万大军进攻唐军，唐军此时只有 1 万人，苏定方将军队分为两部，一部在南原以长矛结环形阵抵抗敌军，苏定方自率骑兵在北原列阵。西突厥攻南原唐军不胜，苏定方率北原军队从后方掩杀而至，大破突厥军。《新唐书》中记载："定方纵骑乘之，虏大溃，追奔数十里，俘斩三万人，杀其大酋都搭达干等二百人。"沙钵罗可汗向西逃窜。

唐军趁势追击，突厥诸部望风而降。当时天降大雪，部将请求修整，苏定方料定突厥必无防备，他鼓舞士气，率唐军继续追击，长驱 200 余里，攻至沙钵罗可汗牙帐，再度大破敌军，斩首数万，沙钵罗可汗逃往石城。于是苏定方撤军，令西突厥各部各回原地居住。

唐朝此前与西突厥数次交战，均未能取得明显战果。苏定方此次击败西突厥，令原臣服于西突厥的中亚诸国纷纷降附，整个西域置于唐朝的掌控之下，保障了丝绸之路的畅通，对于东西方的交流具有重要意义。

元　陈及之　便桥会盟图

该画卷绘的是唐李世民化干戈为玉帛，在渭水便桥与来犯的突厥颉利可汗结盟修好的历史事件。

开拓西域

658 年，唐高宗改变唐太宗时对西域只重军事而轻行政管理的做法，将安西都护府升格为大都护府，在突厥故地分设蒙池、昆陵两个都护府，并将其附属小国分别设置州府，西境直抵波斯。

659 年，苏定方于乌海大败吐蕃。同年冬，葱岭以西的思结俟斤都曼率疏勒、朱俱波、谒般陀三国反叛，击破于阗。苏定方率 1 万步兵、3000 骑兵连夜疾行 300 余里，奇袭都曼所在地马头川。都曼仓促应战，大败之后被唐军包围，都曼只得出城请降。

661 年，唐朝对葱岭以西的诸国进行大规模行政区划的建设，在于阗以西、波斯以东十六国，设置十六都督州府，统辖 80 个州、110 个县、126 个军府。《旧唐书》中记载："高宗临轩，定方戎服操贺鲁以献，列其地为州县，极于西海。"

清　佚名　大唐西域记卷　唐玄奘著（第一卷）（至龟兹国）

安史之乱——大唐由盛而衰的转折

安史之乱是唐玄宗时期由唐朝将领安禄山、史思明为争夺唐朝统治权而发动的一场叛乱之战，也是唐朝由盛转衰的重要转折点。

隐藏的危机

唐朝在经历唐太宗贞观之治和唐武宗的永徽之治后，逐渐走向强盛，对外先后攻灭东突厥、西突厥、百济、高句丽、吐谷浑，并开拓西域，其疆域空前辽阔，四夷臣服，万国来朝。后虽在武周末期经历了一些动荡，但712年唐玄宗即位后，平定内乱，励精图治，唐朝迅速走向鼎盛，人口增长，经济繁荣，文化昌盛，史称"开元盛世"。

在唐玄宗统治后期，天下太平无事，唐玄宗逐渐懈怠，生活奢靡，沉迷享乐。他宠信杨贵妃，对其家族大家赏赐。《旧唐书》中记载，当时杨家"甲第洞开，僭拟宫掖。车马仆御，照耀京邑，递相夸尚。每构一堂，费千万计"。唐玄宗还任命李林甫为宰相，李林甫嫉贤妒能，在其为相的十几年之内，几乎将朝中的贤人排挤一空。为了扫除其他文臣对宰相权位的威胁，李林甫杜绝文臣担任边境将领的可能性，建议唐玄宗任用胡人担任节度使，而胡人无法出任宰相，也就无法对李林甫的相位造成威胁。但李林甫的这一建议造成边境军权落入胡人手中，为安史之乱的爆发埋下隐患。

此外，唐朝的盛世之下也隐藏着诸多危机。王侯豪强土地兼并现象严重，百姓无处安身，只得流亡迁徙。唐朝边境辽阔，设置了诸多节度使守护边境，节度使除拥有军事权力外，又逐渐掌握地方行政权力。《新唐书》中记载节度使"既有其土地，又有其人民，又有其甲兵，又有其财赋"，这就为节度使割

清　佚名　帝鉴图说彩绘本

此图描绘了唐玄宗赏赐安禄山的情景。

据地方打下了基础。仅安禄山一人就身兼范阳、平卢、河东三镇节度使，手握15 万兵力。唐朝时府兵制解体，募兵制确立，军队将领长期统帅一支军队，兵将之间有了隶属关系，导致士兵只知有将帅，而不知有朝廷，容易造成军阀割据的局面。诸多节度使掌握大量军力，又造成唐朝兵力外重内轻的局面。

李林甫死后，朝中人才凋零，唐玄宗任命杨贵妃的兄长杨国忠为宰相。杨国忠为人贪鄙，大肆搜刮百姓，满足唐玄宗奢靡的享受。他报喜不报忧，令唐玄宗以为天下无事，朝中亦无人敢向唐玄宗讲真话。杨国忠与安禄山同为唐玄宗朝新贵，二人不合，杨国忠多次挑拨唐玄宗和安禄山之间的关系。《旧唐书》中记载："时安禄山恩宠特深，总握兵柄，国忠知其跋扈，终不出其下，将图之，屡于上前言其悖逆之状，上不之信。"

安史之乱

755 年，安禄山以讨伐杨国忠的名义在范阳起兵反叛。消息传来，唐玄宗认为是有人诋毁安禄山，竟不信，叛军很快占领河北地区。在确定安禄山谋反后，唐玄宗任命安西节度使封常清兼任范阳、平卢节度使，防守洛阳，又任命右金吾大将军高仙芝为副元帅东征。因唐朝精锐部队还未返回，封常清和高仙芝只得临时在长安、洛阳一带募兵，其军队战力薄弱。安禄山很快攻克洛阳，随后在洛阳称帝，国号大燕。封常清和高仙芝于潼关据守，唐玄宗听信宦官谗言，将封常清和高仙芝斩首，任命哥舒翰守卫潼关。此时，郭子仪和李光弼在河北击败安禄山的部将史思明，唐军稍挽颓势。但唐玄宗又听信杨国忠之言，强令哥舒翰出战，哥舒翰只得率军出战，唐军大败，哥舒翰被俘后遭到叛军杀害。

叛军随后直逼长安，唐玄宗带领皇室一部分人及亲信外逃，行至马嵬坡时，士兵哗变，杀死杨国忠及其子杨暄、韩国夫人、秦国夫人等，并要求唐玄宗处死杨贵妃。唐玄宗在高力士的劝说下，只得派人缢死杨贵妃。随后，唐玄宗与太子李亨兵分两路，唐玄宗入蜀，李亨则北上灵武。756 年七月，李亨在灵武称帝，尊唐玄宗为太上皇，改元至德，李亨即唐肃宗。

九月，唐肃宗以广平王李豫、郭子仪为中军，李嗣业为前军，王思礼为后军，率领朔方等地的军队和回纥、西域赶来的援军共 15 万人进攻叛军，唐

日本　狩野山雪　长恨歌图（上卷）

上卷描绘从汉皇重色思倾国，到杨贵妃被赐死于马嵬坡。

日本　狩野山雪　长恨歌图（下卷）

下卷主要描绘唐玄宗对杨贵妃的无限思念。

明　仇英　仿明皇幸蜀图

唐玄宗统治后期，爆发了『安史之乱』。756 年 6 月，安禄山攻陷潼关，唐玄宗被迫西逃。

军成功收复长安。《资治通鉴》中记载唐军："整众入城，百姓老幼夹道欢呼悲泣。"

757 年，安禄山被其子安庆绪杀死，安庆绪继续掌控叛军。唐河南节度副使张巡率军民在睢阳坚持抵抗叛军十余月，令唐朝得到喘息之机。唐军随后进攻陕郡，安庆绪由洛阳退至邺城。758 年，唐军击败安庆绪，斩首 4 万。安庆绪向史思明求救，史思明率 30 万大军来援。次年二月，唐军与史思明部交战，双方胜败难分，因突起大风各自退却。史思明随后杀死安庆绪，吞并其兵马，自称大燕皇帝。十月，李光弼在河阳之战中击败史思明。《新唐书》中记载："贼众奔败，斩首万余级，俘八千余人，马二千，军资器械以亿计。"

761 年，唐肃宗在宦官鱼朝恩的鼓动下，强令李光弼进攻洛阳。李光弼与仆固怀恩在邙山之战中被叛军击败，唐军死亡数千人，损失大批军资器械。但史思明随后被其子史朝义杀死，史朝义在洛阳即皇帝位，改元显圣。叛军随后陷入内乱，互相攻杀。

762 年，唐肃宗病逝，其子李豫继位，是为唐代宗。十月，唐代宗起用唐将仆固怀恩为朔方节度使、河北副元帅，统兵进军洛阳。仆固怀恩击败叛军，斩首 6 万，俘获 2 万，史朝义出逃，唐军占领洛阳。763 年，走投无路的史朝义自缢身亡，叛军余众投降，安史之乱结束。

由盛转衰

安史之乱给唐朝社会造成了严重破坏，人口大量减少。《旧唐书》中记载："宫室焚烧，十不存一……人烟断绝，千里萧条。"唐朝从此由盛转衰。唐朝中央的权力亦被大大削弱，叛军余党及唐军将领割据地方。唐朝对边境的控制力减弱，失去了对西域的控制，其统治已岌岌可危。

后晋灭后唐之战——"儿皇帝"上位之战

后晋灭后唐之战，是河东节度使石敬瑭在契丹人的帮助下发动的灭亡后唐的战争，最终以后唐末帝自焚、石敬瑭入洛阳建后晋宣告结束。

五代十国

907 年，朱温篡唐建立大梁，史称"后梁"。唐朝灭亡，天下再度陷入分裂，中国历史进入五代十国时期。次年，河东节度使李克用去世，其子李存勖即晋王位。梁晋之间在北方展开长期征战。923 年四月，李存勖在魏州称帝，改元同光，沿用"唐"为国号，史称"后唐"。同年，李存勖灭后梁。925 年，后唐消灭前蜀。928 年，南平高从诲向后唐称臣。930 年，后唐消灭南楚。后唐的疆域至此达到极盛，成为五代十国时期统治疆域最广的朝代。

李存勖统治后期，任用伶人与宦官干政，猜忌将领，杀戮功臣，令后唐将领大为不满。《资治通鉴》中记载："至是复用宦者，浸干政事。既而复置诸道监军，节度使出征或留阙下，军府之政皆监军决之，陵忽主帅，怙势争权，由是藩镇皆愤怒。"同时，后唐官吏横征暴敛，导致民不聊生。926 年，魏博戍卒哗变，李存勖命李嗣源率军平叛。李嗣源行至魏州时，其部下亦兵变，与魏博叛军一起请求李嗣源称帝。李嗣源在女婿石敬瑭的劝说下，率兵南下，进攻李存勖。此时，李存勖已大失人心，其麾下士卒相继叛逃投奔李嗣源。李存勖部下郭从谦发动叛乱，杀死李存勖。四月，李嗣源进入洛阳，在李存勖灵前称帝，史称后唐明宗。

在唐明宗的治理下，后唐国力有所恢复。《旧五代史》中记载："故天成、长兴间，比岁丰登，中原无事，言于五代，粗为小康。"933 年，唐明宗病重，其子秦王李从荣发动叛乱，结果兵败被杀。唐明宗随后病逝，其子宋王李从厚继位，是为后唐闵帝。闵帝继位后，对手握兵权的潞王李从珂和河东节度使石敬瑭十分忌惮。934年，闵帝下诏调动凤翔、河东、成德、天雄四镇节度使的职务，想借此削弱节度使的权力，此举引起发节度使的不满。李从珂以"清君侧"的名义起兵，叛军很快攻下洛阳，闵帝外逃，李从珂即皇帝位，是为后唐末帝。闵帝出逃后被石敬瑭捉住，随后被末帝李从珂处死。

晋唐之争

末帝李从珂继位后，对手握大权的石敬瑭亦极不放心。935年，李从珂派遣武宁节度使张敬达领兵驻屯在代州，牵制并监视石敬瑭。936年，末帝调石敬瑭任郓州节度使，企图削去石敬瑭的兵权。石敬瑭拒绝任命，并指责末帝得位不正，起兵反叛。李从珂派张敬达率军6万，赴晋阳讨伐石敬瑭。石敬瑭被困晋阳，兵弱粮乏，于是派人向契丹皇帝耶律德光求救，以割让幽云十六州为条件，换取契丹出兵援助。

此时，辽太宗耶律德光已统一契丹，正计划谋取中原，石敬瑭的提议正合辽太宗心意。八月，辽太宗率5万大军南下，

明　佚名　李存勖像

李存勖在王位15年，南击后梁，北却契丹，东取河北，西并河中，使得晋国日益强盛，中兴唐朝霸业。

205

辽　胡瓌　卓歇图

画幅中的契丹大汗正端坐在豪华的地毯上饮酒观舞，大汗服饰华丽，神态悠闲，正凝神观望舞者，颇为陶醉。

清 佚名 朱温像

后梁开国皇帝，唐僖宗赐名"朱全忠"，即位后改名朱晃。

支援石敬瑭。后唐军与契丹和、敬瑭军队交战，唐军大败，死伤万余人，张敬达退保晋安寨，石敬瑭与契丹联军将其重重围困。十一月，辽太宗册立石敬瑭为皇帝，改元天福，国号晋，石敬瑭称耶律德光为父皇帝。《新五代史》记载："敬瑭夜出北门见耶律德光，约为父子。"石敬瑭割幽云十六州给契丹，承诺每年给契丹布帛 30 万匹。

同时，被围困数月的晋安寨兵困粮绝，人心浮动，张敬达被部下杀死，晋安寨唐军出降。后晋与契丹联军随后进攻洛阳，沿途唐军纷纷归降。李从珂见大势已去，于十一月二十六日带传国土玺与曹太后、刘皇后以及太子李重美等人登上玄武楼，自焚而死，后唐灭亡。

后晋灭亡

清 佚名 石敬瑭像

参与后梁朱温与晋国李克用、李存勖"梁晋争霸"，冲锋陷阵，战功卓著，五代十国时期后晋开国皇帝。

石敬瑭虽然灭亡后唐，但其向契丹割地称儿皇帝的做法，令其威望大损，很多藩镇都不服从其统治，有的朝臣也拒绝出使契丹。石敬瑭称帝后，开始变得奢侈残暴，他用人不当，吏治腐败，又重用宦官，后晋朝政愈发紊乱。937 年，天雄节度使范廷光反叛，后晋派去讨伐叛军的军队也随之叛乱。942 年，成德节度使安重荣反叛。同年，石敬瑭病逝，其子石重贵继位，是为晋出帝。

石重贵不愿臣服契丹，《辽史》中记载，后晋使者对辽太宗说："先帝则圣朝所立，今主则我国自册。为邻为孙则可，奉表称臣则不可。"辽太宗于是想南下攻打后晋。944年，契丹前锋赵延寿、赵延昭引5万骑入寇，石重贵求和不成，双方开战。在后晋军士的奋勇抵抗下，辽军败退。次年，后晋再次击败契丹。石重贵获胜后逐渐沉迷于享乐，946年，契丹再次进攻后晋，后晋将领杜重威率军投降契丹。947年，契丹军队攻入汴梁，俘虏石重贵，后晋灭亡。河东节度使北平王刘知远在太原称帝，建立后汉。

后晋石敬瑭与后唐李从珂之间的斗争只是权力的争夺，无可厚非，但石敬瑭将幽云十六州割与契丹，并自称"儿皇帝"的做法却令人不齿。它令北方百姓沦于契丹铁骑的统治之下，北方失去重要屏障，中原门户大开，随时处于威胁之下，后世有志之士无不立志收复北方失地。

第七章
宋元多民族争霸战争

澶州之战——宋辽最后一战

澶州之战是辽宋战争中的最后一场战役，双方在这场战役后结成"澶渊之盟"。北宋以金帛换回遂城及瀛、莫二州，结束了唐朝以来的动乱，维持了100多年的和平局面。

宋辽局势

960年，赵匡胤发动陈桥兵变，建立宋朝，定都开封，史称"北宋"。赵匡胤即宋太祖。赵匡胤随后便开始了统一全国的进程，先后消灭南平（荆南）、后蜀、南汉、南唐等国。976年，赵匡胤去世，其弟赵光义继位，是为宋太宗。978年，吴越末代国君钱弘俶"纳土归宋"。979年，赵光义派军攻灭北汉，结束了自唐末黄巢之乱以来近90年藩镇割据的混战局面，在形式上一统全国。

宋统一全国后，北方的辽国成为宋朝最大的对手。宋太宗一直致力于收复幽云十六州，在消灭北汉的同年，宋太宗不顾群臣反对，出兵北伐辽国，结果宋军在高梁河之战中被辽军击败，宋太宗亦负伤，宋军第一次北伐失败。

986年，宋太宗派遣潘美、杨业等人兵分三路，大举北伐。宋军虽取得一定战果，但因东路主力战败，粮草不继，只得退兵，名将杨业在掩护百姓撤退时被俘，绝食而死，史称"雍熙北伐"。宋朝在两次北伐失败后，对辽国的战略由进攻转为防守。

辽国方面，982年，辽景宗耶律贤去世，其幼子耶律隆绪继位，是为辽圣宗。因耶律隆绪年幼，由皇后萧绰辅政。《辽史》中记载："癸丑，即皇帝位于枢前，时年十二。皇后奉遗诏摄政，诏谕诸道。"萧太后摄政后，限制宗室权力，整顿吏治，劝课农桑，训练军队，辽国逐渐走向繁盛。988年，辽军攻宋，

宋　佚名　赵匡胤像

五代至北宋初年军事家、政治家、战略家，宋朝开国皇帝。

宋　佚名　宋真宗像

宋真宗在位 25 年，对国家治理有方，大力发展经济，把北宋推向中国封建社会的巅峰，史称"咸平之治"。

宋军一路败退，辽国攻占了宋涿州、祁州、新乐等地，辽国大军驻扎在宋朝境内。此后，辽军不时攻打宋朝。

澶渊之战

999 年七月，耶律隆绪晓谕诸道即将征伐宋朝。九月，耶律隆绪到达辽南京，辽军开始南征。辽军一路攻城略地，宋军节节败退。1004 年，萧太后与耶律隆绪率辽军大举攻宋，辽军长驱直入，进抵澶州。

北宋朝廷收到边关急报后，宋真宗召群臣商议对策，有人认为应迁都到升州，有人认为应迁往益州，宰相寇准坚决反对迁都之举，力劝宋真宗御驾亲征。十一月，宋真宗留雍王赵元份守卫汴京，带领朝中文武御驾亲征。此时，辽军名将萧挞凛外出视察地形时，被宋军射死，辽军士气大跌。《续资治通鉴长编》中记载："是夜，挞览死。敌大挫衄，退却不敢动，但时遣轻骑来觇王师。"

宋真宗到达澶州后，令宋军士气大振。《续资治通鉴》中记载："诸军皆呼万岁，声闻数十里，气势百倍。"此时，辽军因孤军深入，补给困难，前方将领战死，后方又被宋军威胁，陷入进退两难的境地。萧太后于是提出议和，宋真宗亦畏惧契丹兵势，同意议和。

双方经过一再讨价还价，最终约定：辽、宋为兄弟之国，因宋真宗年长，辽圣宗尊宋真宗为兄，宋真宗尊萧太后为叔母；宋每年给辽输送岁币，绢 20 万匹、银 10 万两；以白沟河为国界，双方撤兵，辽归还宋遂城及瀛、莫二州；双方互不增设边防，辽宋双方开展互市贸易。史书中称这次辽宋结盟为"澶渊之盟"。

功过难分

澶渊之盟后，宋辽两国结束了长达 20 多年的战争状态，双方从此转入和平，在此后的 160 年间，宋辽两国未有大规模战事。后世有人认为澶渊之盟对宋朝来讲是丧权辱国，实际情况并非如此。宋朝并未对辽称臣，双方为兄弟之国，宋真宗还居兄长之位，并无耻辱可言。至于最为后人诟病的输辽"岁币"，从

南宋　陈居中　胡骑春猎图　　《胡骑春猎图》画的是大漠之上少数民族出猎的情景。

表面上看，宋廷确实并不光彩，但实际上，宋辽两国从此休战，令宋朝百姓得以休养生息，专心生产，其收获远高于岁币之数额。若是两国继续开战，百姓除须提供庞大的军需物资外，还要承担兵役、徭役等各项赋役，其每年耗费远不止30万。更何况宋辽两国随后开展互市贸易，宋朝每年从中获利亦不止30万，岁币其实并未大损宋朝国力。

不过，澶渊之盟乃城下之盟，毕竟在名义上并不好听。《宋史》中记载，宋大臣王钦若对宋真宗说："城下之盟，《春秋》耻之。澶渊之举，是城下之盟也。以万乘之贵而为城下之盟，其何耻如之！"宋真宗听了以后愀然不悦。但王钦若此言不过是嫉妒他人功劳，随后怂恿宋真宗举行封禅大礼。1008 年，宋真宗封禅泰山，随后又在全国大规模举行封祀，耗费了大量人力财力。《宋史》中记载："内之蓄藏，稍已空尽。"

还有人认为，澶渊之盟后，宋朝君臣沉迷于和平日久，忘战去兵，导致宋朝后来军备废弛。但这是后来统治者的过错，不应将其归罪到澶渊之盟上。而且，对辽国来讲，澶渊之盟也是情势所需。当时辽军虽咄咄逼人，但已是强弩之末，孤军深入，士气低落，反而存在被宋军反攻的可能。澶渊之盟一年后，辽国即发生萧胡辇、萧夷懒谋反之事，其不到数月便被平定，澶渊之盟亦令辽国得到喘息。

北宋 张戡 解鞍调箭图

此图绘壮士解甲，坐憩调箭，旁滚马雄健异常，四望皆沙漠。

熙河之战——宋夏战争中难得的胜利

熙河之役是让北宋重新据有河湟之地，且取得重大胜利的一次对外战役，也被称为王韶的"巅峰之战"。

宋夏和战

1038 年，党项人首领李元昊称帝，建立大夏，史称"西夏"。党项人生活在中国西北部，唐朝时，其首领李思恭因参与平定黄巢之乱有功，被唐僖宗封为夏州节度使、"夏国公"，"大夏"之国名即由此而来。五代及北宋初期，党项皆臣服于中原政权。宋太宗时，党项内部发生分裂，李继捧投降宋朝，李继迁则归顺辽朝，多次带兵掠夺宋朝边境。《西夏书事》中记载："继迁数寇河西，银、夏诸州无宁日。"宋真宗时，李继迁与宋议和，宋割让夏、绥、银、宥、静五州给李继迁，党项族以此为基地，迅速发展壮大。李继迁死后，其子李德明采取"依辽和宋"的策略，在与辽、宋保持相对友好的前提下，向西进攻吐蕃、回鹘，将党项族的势力拓展到河西走廊一带。李元昊即李德明之子。

李元昊的称帝之举打破了宋与党项之间脆弱的和平关系，宋仁宗下诏"削夺赐姓官爵"，停止与党项之间的互市，第一次宋夏战争开始。1040 年，西夏在三川口之战中击败宋军，为西夏赢得了生存的空间，宋军虽然战败，但成功抵御了西夏的入侵。次年，李元昊率 10 万大军攻宋，在好水川设伏，韩琦不听范仲淹劝告，执意出兵，结果宋军大败，几乎全军覆没。消息传来，宋廷震惊，韩琦、范仲淹被贬。李元昊接连击败宋军之后，信心大涨，放言"亲临渭水，直据长安"。1042 年，李元昊率 10 万大军，兵分两路进攻宋朝，一路牵制宋朝边军，一路进攻关中。在定川寨之战中，西夏击败宋军，宋军 9400

宋　佚名　宋仁宗像　宋仁宗赵祯知人善用，在位时期名臣辈出，经济繁荣，被史家誉为"守成贤主"。

出土于黑水城的西夏武士像

西夏供养人画像

余人近全军覆灭。

李元昊虽接连击败宋军，但西夏亦损兵折将，其国库因常年征战而变得空虚，失去与宋的互市贸易而令西夏物资紧缺，百姓怨声载道，西夏国内矛盾加剧。加之此时夏与辽之间的关系也出现裂痕，于是夏与宋开始议和。1044年，双方达成协议，主要内容包括：西夏向宋称臣并取消帝号，元昊接受宋的封号，称夏国主；双方归还战争中所掠的士兵、民户等；宋朝每年赐给西夏银5万两、绢13万匹、茶2万斤；宋朝每年还要在各种节日赐给西夏银、绢、茶等物资，史称"庆历和议"。宋、夏随后恢复互市贸易。

熙河之战

宋英宗时，宋与西夏之间发生大顺城之战，宋军击退西夏进攻。1067年，双方再度议和。

宋神宗继位后，任用王安石等人变法，励精图治，在对西夏的策略上亦转守为攻。1068年，王韶向守神宗献上《平戎策》三篇。《宋史》中记载，他提出："西夏可取。欲取西夏，当先复河、湟，则夏人有腹背受敌之忧。"王韶提议趁熙河地区羌人分裂，将其各个击破，令其归顺宋朝，从而对西夏形成包围之势，占据主动地位。宋神宗大喜，命王韶主持开拓熙河事务。

1072年，王韶击败羌人，降其部落2万余人，更镇洮之名为熙州。次年，羌人复叛，占据河州。王韶再次将其击败，收复河州。《宋史》记载："降羌叛，韶回军击之……连拔宕、岷二州，叠、洮羌酋皆以城附……得州五，斩首数千级，获牛、羊、马以万计。"1074年，宋廷征召王韶入朝，羌人再次反叛，包围河州。王韶兼程返回熙州，他力排众将直攻河州的建议，率军奔赴羌城，击破结河族，切断羌人与西夏的联系，羌人知援军被切断，解围而去。王韶绕至白城后，焚烧羌人8000营帐，俘获其首领，将其押送至汴京。

熙河之战虽未直接与西夏交锋，但其拓边2000余里，收复熙、河、洮、岷、叠、宕六州，恢复了安史之乱前由中原王朝控制这一地区的局面。宋朝借此对西夏形成包围之势，达成了宋廷令西夏腹背受敌的战略目标。

清　佚名　宋神宗像

宋神宗即位不久即召王安石推行变法，史称熙宁变法。

伐夏之战

1081年，西夏发生内乱，梁太后囚禁夏惠宗李秉常。宋神宗在种谔等主战派的建议下，调动50万大军，分五路进攻西夏。宋军在战争初期接连获胜，收复兰州，攻取了西夏的米脂寨、石州、夏州、银州等地。西夏梁太后采用诱敌深入、坚壁清野的策略。宋军围困灵州城不下，西夏军引黄河渠水灌淹宋军营地，又断绝其粮饷之道，宋军士兵因冻溺饥饿而死者极多，宋廷因此下令班师。

1082年七月，宋朝派徐禧在夏、银、宥三州界修建永乐城，形成了对西夏的威胁。梁太

清　佚名　王安石像

北宋时期政治家、文学家、思想家、改革家。

明　佚名　耆英胜会图

"耆英会"中的士大夫虽然在朝中为官时置身政务、激烈反对变法，但当远离当时的北宋国都开封，会聚洛阳后，他们不再过问政事，而是修道参禅，修身养性。

后发兵 30 万进攻永乐城，宋军将领建议趁夏兵列阵未成进行突袭，但徐禧却拘泥于"王师不鼓不成列"的说法拒绝突袭。结果西夏列好阵势进攻，宋军无法抵抗。宋军另一路主帅种谔因筑城问题与徐禧有隙，拒绝发兵救援，宋军于是大败，1 万多士卒阵亡。

永乐城之战让宋神宗认识到西夏虽遭逢变乱，仍不易灭亡，于是不再轻言开战。

1085 年，宋神宗去世，其子赵煦继位，是为宋哲宗，宋哲宗对西夏采取守势。1086 年，李秉常去世，幼子李乾顺即位，即夏崇宗，其母梁氏把持朝政。为与夏惠宗时梁太后区别，史书中也称其为"小梁氏"。梁太后谋取对宋作战，建立威望，来巩固自己的统治。1092 年，梁太后率西夏大军进攻宋朝。宋军在洪德城战役中击败西夏军队，宋军随后整顿边防。1097 和 1098 年，宋军在平夏城击败西夏军队，在辽国的调停下，西夏请和。《宋史》中记载："夏自平夏之败，不复能军，屡请命乞和。哲宗亦为之寝兵。"

清　佚名　帝鉴图说
彩绘本

此图描绘宋神宗时推行王安石的新法，扰害百姓，民不聊生。郑侠进献《流民图》，宋神宗看后甚是感伤懊悔，将新法为害者都罢革。

金灭北宋之战——靖康之祸，北宋灭亡

金灭北宋之战也称为"靖康之变"，由北方女真族建立的金政权灭亡了统治者昏庸无能的北宋政权，这亦是南宋的开始。

辽、金、宋三国对比

1100 年，宋哲宗去世，端王赵佶继位，是为宋徽宗。《宋史》中记载，宋徽宗在即位初期，与太后向氏共同执掌国政："皇太后权同处分军国事。"向太后是守旧派，她大量任用守旧派官员，朝中随后发生新旧党争。宋徽宗即位初期，为了取得朝中大臣的支持，采取调和新旧两派的策略，但新旧两党的斗争很快发展成你死我活的较量，宋徽宗只得在新旧两党之间做出选择。1101年，向太后去世，宋徽宗转而支持新党，改元崇宁，取崇法熙宁变法之意。

宋徽宗继位初期，曾立志有所作为，他甚至一改往日奢靡的作风，开始崇尚节俭。在宋徽宗倾向变法后，蔡京出任宰相，天下人翘首以盼，希望蔡京能有所作为。但蔡京只是政治投机者，他之前在新旧两党之间摇摆，此次担任宰相后，借改革变法之名排除异己，新法亦成了蔡京敛财的工具。他推行方田法，对江、淮七路茶实行官卖；更改盐钞法，弃用旧钞，令无数人倾家荡产；大量赋役被转嫁到百姓身上，人民负担沉重；大肆打击元祐旧党，很多不属于旧党的士人也遭到迫害。北宋的朝政愈发昏暗。

蔡京的大肆敛财，也为宋徽宗后来穷奢极欲、沉迷享乐创造了条件。宋徽宗的进取并没有持续多久，很快原形毕露，沉迷于享乐，并且比之前变本加厉。他将朝政交给蔡京、童贯、王黼、梁师成、朱勔、李彦等人，这些人结党营私、贪赃枉法、荒淫无度，被时人称为"六贼"。六贼在民间搜刮奇珍异宝，运往

225

宋　佚名　宋高宗像

京师，耗费大量人力物力。宋徽宗等人的奢靡腐化令宋朝的财政日趋恶化，其横征暴敛又令社会矛盾加剧。宋朝先后发生宋江和方腊起义，对其统治造成沉重打击。

北方的辽国此时也江河日下，辽兴宗与辽道宗时，辽国都曾发生内乱，政治腐败，国势衰落。1101年正月，辽道宗去世，皇孙耶律延禧继位，即天祚帝。天祚帝昏聩无能，又荒淫无道，不理朝政，辽国宗室之间互相争斗，各族首领也起兵反抗辽的统治。

与宋和辽的没落形成鲜明对比的是，东北方的女真迅速崛起，正处于上升时期。1115年，女真领袖完颜阿骨打在上京会宁府立国，国号金，建元"收国"。在此之前，女真附属于辽国。辽天祚帝亲率大军讨伐金国，辽军被女真击败，辽国内部又发生叛乱，金军趁机攻取了辽国的黄龙府、辽东京和沈洲。

1111年，童贯等人出使辽国，辽人马植向童贯献灭辽之策。童贯将其引至开封，面见宋徽宗。马植提议宋联合金共同灭辽，夺取幽云十六州。1118年，宋朝见辽国在金军的进攻下节节败退，于是派人与金商议灭辽之事。1120年，宋与金双方约定共同进攻辽国，长城以北由金军攻取，长城以南由宋军攻取，辽国灭亡后，燕云地区归宋所有，宋朝将送给辽国的岁币转送给金朝，史称"海上之盟"。

然而宋朝长期腐败，军队战斗力低下，宋军几次进攻辽南京，都被辽军击败，最终

宋　佚名　宋钦宗半身像

宋　佚名　宋钦宗坐像

宋钦宗为人优柔寡断，反复无常，对政治问题缺乏判断力，靖康之变时被金人俘虏北去。

清　佚名　帝鉴图说彩绘本

此图描绘宋徽宗任用蔡京、童贯等六贼。

清　佚名　帝鉴图说彩绘本

宋徽宗崇尚道教，曾替道士林灵素盖上清宝篆宫。宋徽宗每临幸其地，便设大斋醮，来的人既与斋饭，又与衬，施钱三百，叫作千道会。

还是由金军攻下辽南京城。宋与辽的作战暴露了宋朝虚弱的现状，金朝更加坚定了灭宋之意。1123 年，金太祖完颜阿骨打去世，其弟完颜吴乞买继位，是为金太宗。金太宗按照与宋的约定，将攻下的部分城池交予宋朝，却掳走了当地的百姓，宋朝得到的只是荒废的空城。《金史》中记载："太祖每收城邑，往往徙其民以实京师……及以燕京与宋而迁其人，独以空城与之，迁者道出平州。"

完颜阿骨打像

金代开国皇帝，女真族完颜部人，本名阿骨打。

宋金开战

1123 年，投降金朝的辽国将领张觉背金降宋，由于宋金双方之前有不纳叛降的协议，金朝随后在 1125 年以背约为名，发兵讨伐宋朝。金军分东西两路分别从山西、河北进攻宋朝，由完颜宗翰率领的金军西路军被阻于太原，完颜宗望率领的东路军一路攻城略地，围困宋都汴梁。宋徽宗惊慌失措，将皇位传于其子赵恒，赵恒即宋钦宗。宋军在主战派李纲的率领下，坚决抵抗，金军无法攻下汴梁，双方随后议和，金军撤兵。《金史》中记载："宗望许宋修好，约质，割三镇地，增岁币，载书称伯侄。戊寅，宋以康王构、少宰张邦昌为质。"

由于协议的内容太过苛刻，宋朝并未履行。1126 年，金太宗再以宋廷毁约为由，派完颜宗翰与完颜宗望再次率军进攻宋朝。此时，主战派李纲遭奸臣排挤，已被调往河北；大将种师道也被解除兵权，抑郁而亡；宋朝的勤王军队也被遣散。金军西路军攻克太原，与东路军共同围困汴梁。此时，宋钦宗反而寄希望于靠郭京等江湖骗子的道术击退金兵，结果金军攻破城池，俘虏宋徽宗与宋钦宗，史称"靖康之变"，北宋灭亡。

靖康之变令北方遭到严重破坏，大量宋人南渡避难，中国经济中心南移。南宋的统治范围相比北宋大大缩小，为发展经济，开始大力发展海外贸易。在北方，汉族与少数民族交往日益加深，加快了民族融合的速度。

明　佚名　女真狩猎图　　此图描绘一女真骑射手坐于马背上狩猎的情景。

宋　佚名　宋徽宗像

宋徽宗赵佶在位期间追求奢靡、政治腐败、外交不力，以致民怨四起，并埋下北宋靖康年间亡国的祸根。

南宋建立

1127 年，金军将汴梁劫掠一空，押送宋徽宗、宋钦宗与宋宗室、后妃、公主、百官等，还有教坊乐工、技艺工匠数千人，以百姓男女不下 10 万人北归，并在宋朝原领地上扶持张邦昌建立傀儡政权"大楚"。康王赵构在应天即位，改元建炎，延续宋朝统治，史称"南宋"，赵构即宋高宗。

郾城之战——宋金精锐间的决战

郾城之战是宋金战争中，最终由岳飞带领的岳家军以少胜多击溃金军的著名战役，也是我国历史上持续时间极长且范围最广的战争。

宋金和战

宋高宗赵构即位后，虽然表面上任用李纲、宗泽等人抵抗金兵，并声称要亲率六军与金人决战，迎回二帝。但实际上他畏惧金兵势大，采取妥协的政策，一味向金朝求和。他还试图以巡幸的名义避往南方，被李纲阻止。《建炎以来系年要录》中记载，宋高宗下手诏说："京师未可往，当巡幸东南，为避敌之计，来春还阙。"宋高宗任用黄潜善为、汪伯彦等主和派执掌大权，李纲遭到排挤，随即被罢相，宋高宗随后避往扬州。

此时，宗泽在北方收复东京，任东京留守。他整顿秩序，招募义兵，修筑防事，训练士兵，将东京打造成对抗金军的堡垒，多次击退金军的进攻。宗泽立志收复北方失地，先后向宋高宗上20多道奏章请求宋高宗返京，但被奸臣所阻。1128年，宗泽忧愤成疾，临终前三呼"渡河、渡河、渡河"后去世。笔者曾作诗凭吊宗泽曰："力复中原尚未迟，东京威显盛名知。三呼渡河空余恨，千载凭吊只赋诗。"

宗泽死后，杜充接任东京留守。同年秋，金兵南下，妄图一举灭亡宋朝。杜充指挥不当，人心尽失，东京再度陷落。金军一路南下，占领建康，宋高宗逃往海上。1130年，金军搜山检海完毕，烧毁临安城，带着掠夺的大量财物北上。韩世忠在黄天荡截击金军，双方对峙40余天，此战令韩世忠名声大振。《宋史》中记载："是役也，兀术兵号十万，世忠仅八千余人。"随后，岳飞在牛首山设伏击败金军后，趁机北上，收复建康。七月，金太宗册立刘豫为皇帝，定都大名府，建立伪齐傀儡政权。

伪齐建立后，宋金双方进入相持局面。宋朝得到喘息，利用这一时机稳固政权。宋廷相继消灭了一些地方反叛势力和起义军。1134—1137年，岳飞三度北伐，进攻伪齐，收复大片失地，但宋高宗对此反应冷淡。1137年，岳飞遭张浚等人排挤，愤而辞职。后张浚因用人不当，导致淮西兵变，朝廷再度起用岳飞。

1135年，金太宗去世，完颜亶即位，即金熙宗。1137年，金熙宗废除伪齐政权，与宋议和。次年，宋高宗不顾岳飞和韩世忠的反对，与金议和，宋向金称臣，接受金"赐给"的河南之地，每年贡25万两白银和25万匹绢。

宋 佚名 宋高宗赵构半身像

郾城之战

1139年正月，宋高宗宣布大赦天下，庆祝议和成功，但宋高宗的得意并没有持续多久。同年，金国发生政变，主战派完颜宗弼等人掌权。五月，金熙宗撕毁与宋的合约，派完颜宗弼率10万大军南侵，金军夺回交予宋朝的河南、陕西等地，占领汴京，随后围困刘锜守卫的顺昌。宋高宗与秦桧等人只得起用韩世忠、岳飞等人抵抗金军。

岳飞奉命率岳家军救援顺昌，宋高宗允许其北伐收复失地。但岳飞还未赶至顺昌，刘锜就大破金军。宋高宗于是下令岳飞班师，不得

明 佚名 秦桧像

南宋初年宰相、奸臣，主和派、投降派的代表人物。

明　佚名　岳飞像

南宋时期抗金名将、军事家、战略家、书法家、诗人，位列南宋"中兴四将"之首。

轻举妄动。岳飞认为此时正是北伐金军、收复失地的大好时机，于是在取得朝廷使者的支持后，不顾诏命，继续北伐。《会编》中记载，朝廷派去的使者李若虚对岳飞说："面得上旨，不可轻动，既已进发，若见不可进，则当以诏还。矫诏之罪，若虚当任之！"

此时，宋军各路军队各有所获，收复大片失地。岳飞联络河北的义军，对金兵发动反攻，河朔群雄纷纷响应，对东京金兵形成包围之势。岳家军在收复大片失地后，须在当地驻军防守，其兵力逐渐分散。宋军其他几路军队亦无法支援岳家军，岳家军陷入孤军深入的地步。

完颜宗弼见岳家军孤立无援，决定亲率精锐骑兵15000人以及步兵10万，进攻岳家军的中枢之地郾城，企图一举消灭岳家军的指挥中心。七月初八，金兵在郾城北与岳家军交战。双方从下午杀至天黑，岳家军击溃金军铁浮屠，大获全胜。《金佗稡编》中记载："鏖战数十合，杀死贼兵满野，不计其数。至天色昏黑，方始贼兵退，那夺到马二百余匹，委获大捷。"金军不甘失败，于初十再度进攻郾城，被岳家军再度击退，完颜兀术随后调集了12万大军屯于临颍县。十三日，宋军杨再兴率300骑兵出巡时，与金兵遭遇，双方展开激战，宋军杀死金兵2000多人，自杨再兴以下全部战死。次日，岳家军张宪率8000人再战，金兵撤出临颍。十四日，完颜宗弼率10万步兵和3万骑兵攻颍昌，岳家军与其展开血战。《金佗稡编》中记载："自辰至午，战方酣，董先、胡清继之。虏大败，

234

死者五千余人。"完颜宗弼随后率 10 万金军驻扎在开封以南的朱仙镇，岳家军北上包围开封，打算与金军决战。

千古奇冤

在岳飞取得郾城大捷后，宋高宗曾下旨降关子钱 20 万贯，犒赏战士。但宋高宗随后在秦桧等人的劝说下，诏令岳飞班师。岳飞上书宋高宗，再度强调此时乃伐金良机，并说："强弱已见，功及垂成，时不再来，机难轻失。臣日夜料之熟矣，唯陛下图之。"岳家军前锋随后进入朱仙镇，完颜宗弼打算渡河北撤，但宋高宗随后一天中发十二道金牌令岳飞班师，岳飞长叹十年之力，废于一旦，"非臣不称职，权臣秦桧实误陛下也"，只得下令班师。百姓拦住岳飞，担心金兵报复，岳飞含泪取出诏书，告诉百姓说："吾不得擅留。"百姓哭声震野。

在岳家军撤退后，金兵重新占领开封，镇压义军。1141 年，南宋与金议和，韩世忠、岳飞等人被调离军队。随后，岳飞遭遇秦桧等人的陷害，被下狱。十一月，宋与金达成绍兴和议，宋向金称臣，将淮河以北的土地全部划归金国；每年向金贡奉 25 万两白银、25 万匹绢。岳飞随后以谋反的罪名被处死。

宋　赵构　赐岳飞批劄卷　　从此信中可看出当时宋高宗对岳飞的倚重和信任，此时的君臣关系十分融洽。

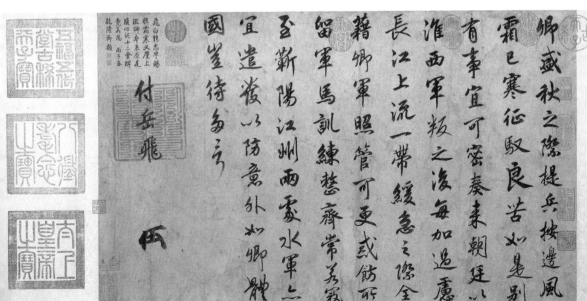

蒙古灭西夏之战——成吉思汗五征西夏

蒙古灭西夏之战为蒙古扩张领土的其中一场战役，这场灭亡西夏的战争预示了金朝灭亡的命运，也为蒙古大军入侵中原奠定了坚实的根基。

蒙古建国

在南宋与金、西夏三足鼎立，或战或和之际，北方草原上的蒙古部落已悄悄崛起。铁木真是蒙古乞颜部首领也速该之子，其年幼时父亲遭到仇家杀害，铁木真与母亲流浪野外，艰难度日，但仍遭到仇家的追杀，铁木真于是投靠父亲的安答——克烈部的首领脱里。在脱里的庇护下，铁木真召集父亲旧部，于不兀剌川之战中击败仇敌，俘获大批物资。此后，铁木真势力逐渐强大，被推举为乞颜部首领。

乞颜部的壮大引起铁木真义兄扎木合的不满，1190年，以扎木合为首的札答兰部和泰赤乌部与铁木真率领的乞颜部展开十三翼之战。铁木真虽战败，但因扎木合处置俘虏不当，反而令更多人倒向铁木真。

当时蒙古尚依附于金朝，1196年，铁木真与脱里为金朝讨伐叛乱的塔塔儿部，在斡里札河之战中击败叛军，脱里被授予王号，自称王汗。铁木真也被金襄宗授予"札兀惕忽里"官号，此举大大增加了铁木真的威望。铁木真随后跟随王汗南征北讨，势力逐渐壮大。

蒙古诸部畏惧铁木真的强大，于是在1201年推举扎木合为首，组建十二部联军，进攻铁木真。铁木真与王汗在阔亦田之战中击败联军，扎木合投降王汗。铁木真随后再度进攻塔塔儿部与泰赤乌部，扫除了统一蒙古的障碍。

随着铁木真的壮大，其与克烈部王汗之间的友好关系也告终结，很多蒙古

贵族建议王汗杀掉铁木真。1203年，王汗以联姻为名，想要诱杀铁木真，但因计谋外泄而失败。随后王汗与其子桑昆进攻铁木真，双方在合阑真沙陀展开大战，铁木真败北，只带4000多骑兵撤离，但他随后在班朱尼河重整军队，与追随他的将士盟誓。《元史》中记载："太祖举手仰天而誓曰：'使我克定大业，当与诸人同甘苦，苟渝此言，有如河水。'将士莫不感泣。"

铁木真随后向王汗请和，趁机休养生息。同年秋，铁木真趁王汗在宴饮之际，率军突袭，击败王汗军队，吞并克烈部。王汗在逃亡途中被杀，其子桑昆逃亡西夏。

1206年，铁木真统一蒙古各部，在斡难河源召开大会，被诸部首领上尊号"成吉思汗"，建立大蒙古国。

蒙古征西夏

成吉思汗统一蒙古后，便谋求对外扩张，首当其冲的便是北方的金和西夏。

1211年蒙金战争，蒙古军于野狐岭战役消灭金军40万，金朝至此无力反击。本图出自《史集》

金宣宗为了与蒙古和谈，以解中都之围，于1214年将金帝完颜永济的女儿岐国公主（图中左边马上的人物）送给成吉思汗和亲，而后蒙古退回漠北地区。本图出自《史集》

当时西夏与金之间互相结盟，成吉思汗采取"先弱后强"的方针，决定先进攻西夏。实际上，早在1205年，铁木真统一蒙古各部时，就曾因追杀乃蛮部残党而进攻西夏。当时的西夏因承平日久，统治阶层腐化堕落，早已衰落。铁木真攻入西夏后，掠夺了大量人口、牲畜及辎重而还。

1207年，蒙古军二度攻夏。此前一年，西夏李安全发动政变，废夏桓宗登上皇位，是为夏襄宗。蒙古军的入侵遭到西夏军队的顽强抵抗，最终败退。

1209年，蒙古攻占高昌回鹘，随后从河西地区对西夏发动进攻。夏襄宗命儿子李承祯为元帅、大都督府令公高逸为副元帅，督兵5万阻击，结果夏军战败，蒙古攻占翰孜罗城，西夏军随后在中兴府外围据守。《西夏书事》中记载："相持两月，备渐弛，蒙古军设伏以待，遣游兵诱之入伏获之，遂破克夷。"蒙古军随后围困中兴，以黄河水灌城。夏襄宗派人向金国求救，但金国坐视不理，夏襄宗于是提出议和。此时，蒙古亦因河水倒灌军营而无力再战，于是同意议和。最终，西夏赔给蒙古大量赔款，并同意"附蒙伐金"，蒙古于是退兵。

1211年8月，西夏齐王李遵顼废襄宗自立，改元光定，是为夏神宗。此前，西夏因金朝拒绝救援，夏与金的联盟关系破裂，从此陷入常年交战中。宋神宗继位后，继续对金朝用兵，双方的国力因此大大削弱，最终为蒙古灭金和西夏提供了便利。

1217年，因西夏拒绝发兵助成吉思汗西征，蒙古再度进攻西夏，蒙军直抵中兴城下，宋神宗出逃并遣使请降，蒙古于是退兵。1223年，夏神宗不愿做亡国之君，又因常年与金交战遭到朝臣的反对，于是将皇位传给其子李德旺，李德旺即夏献宗。此时，西夏君臣已看清蒙古想要灭亡西夏的野心，于是与金朝联合，共抗蒙古。可惜此时的金朝已腐朽不堪，自身难保。1224年，蒙古再度攻夏。次年，西夏请降，答应以质子为信，蒙古于是退兵。但夏献宗决定联金抗蒙，事后并未派质子去蒙古。

1226年，成吉思汗以西夏违反约定为由，率大军进攻西夏。蒙古军攻克黑水城，又继续占领肃州、甘州等地，西夏守军战死，百姓奔逃，夏献宗无计可施，忧惧而亡，其侄李睨继位，是为夏末帝。1227年春，蒙古围困中兴府，夏末帝据城固守。六月，西夏地震，城中宫室毁坏，加上粮食已尽，瘟疫流行，夏末帝于是请降，但要求宽限一个月以准备贡物、迁徙人民。七月，成吉思汗病逝，蒙军为防西夏反悔，秘不发丧。夏末帝随后出降，随即被杀，西夏灭亡。《元史·察罕传》中记载："众方议降，会帝崩，诸将擒夏主杀之，复议屠中兴，察罕力谏止之，驰入，安集遗民。"

金朝灭亡

西夏的灭亡，令金朝陷入孤立无援的境地。成吉思汗死后，蒙哥继位，蒙古随后开始大举进攻金国。1234年，蒙古联合南宋，攻陷蔡州，金哀宗自缢身亡，其子金末帝完颜承麟被杀，金国灭亡。

蒙古大军西征——蒙古帝国的三次大规模西征

蒙古立国后，在1219—1260年间，曾进行三次大规模的西征，对世界历史产生了深远影响。蒙古西征的根源在于游牧民族中有一种向外扩张的动力。与以汉族为代表的农耕文明不同，农民只要拥有一定的土地耕种，就可以维持生存；但游牧民族居无定所，须不断迁移寻找水草丰美之地，在迁移的过程中，其部落之间、民族之间必然会发生争战和兼并。游牧民族维持强大的方法在于拥有广袤的土地，占有更多的水草茂盛之地。所以，对外扩张几乎是所有游牧民族强大以后皆会采用的策略。蒙古军的三次西征也是如此，虽然每次西征都有其直接原因，但笔者认为其根源还在于游牧民族对外的张力。

第一次西征

成吉思汗击败乃蛮部后，乃蛮部首领太阳汗之子屈出律逃往西辽，投靠其皇帝耶律直鲁古。1211年，屈出律联合花剌子模篡夺西辽帝位。花剌子模位于中亚西部，曾先后被阿拉伯人、塞尔柱突厥人和西辽统治。1200年，其领袖阿拉乌丁·摩诃末继位后，在西辽的帮助下，击败古尔王朝，经过数年的征战，完成对阿富汗地区的征服。在这个过程中，摩诃末与西辽反目，所以后来才有助于屈出律篡西辽之事。

花剌子模与蒙古之间早有往来，1215年，摩诃末派使团出使蒙古，成吉思汗亦希望与花剌子模建立贸易关系，双方达成通商协议。1218年，成吉思汗派出一支400多人组成的商队，携带大量金、银、丝绸、驼毛织品、海狸皮、貂皮等贵重商品前往花剌子模。商队在经过讹答剌城时，其守将海儿汗贪图蒙古商队的财物，将商队扣押，并向摩诃末诬陷商队为蒙古间谍。摩诃末不辨是

元 佚名 窝阔台汗像

窝阔台继承父亲的遗志,扩张领土,南下灭金国,派拔都远征欧洲。他在位期间疆域版图曾扩充到中亚、华北和东欧。

日本人所绘蒙古人像

非,下令处决商队成员,并没收其财物。成吉思汗随后派出使者与摩诃末交涉,但摩诃末不仅言辞无礼,还处死部分使者,成吉思汗大怒。《多桑蒙古史》中记载,他"惊怒而泣,登一山巅,免冠,解带置项后,跪地求天,助其复仇,断食祈祷三日夜始下山"。

1218年,蒙古军分两路进攻西域,其中一路由哲别率领进攻西辽。哲别攻入西辽,杀死屈出律,西辽灭亡,蒙古西境与花剌子模接壤。

1219年,成吉思汗亲率蒙古大军西征。九月,蒙古军攻打讹答剌城,发誓报复杀死蒙古商队的守将海儿汗。海儿汗据城固守,蒙古军围城六个月后,攻破城池,活捉海儿汗。蒙古军随后将讹答剌城的子城夷为平地。

1220年,摩诃末把他的军队分散在锡尔河一线设防,蒙古军随后攻陷锡尔河上下游,奇袭不花剌,攻破锡尔河防线,进而围困花剌子模都城撒马耳干。摩诃末出逃,成吉思汗派人追击摩诃末,亲率大军攻陷撒马耳干,随后又占领花剌子模国旧都玉龙杰赤。玉龙杰赤城的陷落标志着中亚河中地区被蒙古人征服,称霸一时的花剌子模灭亡。

逃亡在外的摩诃末于1220年末病逝,他的儿子札兰丁·明布尔努继位,蒙古军继续追击扎兰丁,相继攻陷呼罗珊和塔里寒等地。1221年,在八鲁湾之战中,扎兰丁率花剌子模军击败蒙古军,3万蒙古骑兵仅余数百人,这是成吉思汗西征以来遭受的最大的一次失败。《多桑蒙古史》中记载,成吉思汗听闻此事后,"怒而不形于色，仅语忽秃忽，谓其狃于常胜，未受挫折，今遭此败，当以为戒"。蒙军随后在申河之战中击败花剌子模，扎兰丁逃往印度。

1223 年之后，河中地区再无力与蒙古军为敌。1225 年，成吉思汗留长子术赤镇守花剌子模，自己返回蒙古，蒙古军第一次西征结束。蒙古军的第一次西征给中亚、西亚地区带来严重破坏，但同时也打破了东西方之间的壁垒，促进了东西方的交流。

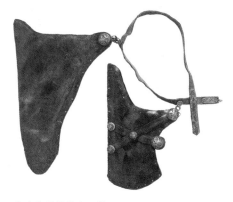

蒙古族的箭袋和腰带

第二次西征

蒙古第一次西征结束后，成吉思汗于 1227 年病逝，第三子窝阔台继承汗位。西夏和金相继被蒙古灭亡，以扎兰丁为首的花剌子模残余势力也在 1231 年被消灭。1235 年，窝阔台召开诸王大会，决定征讨钦察、斡罗思（即俄罗斯）等未服诸国，蒙古军开始第二次西征。因此次西征的统帅均为各王室及宗室的长子，所以也被称为"长子西征"或"诸子西征"。

1236 年春，蒙古军灭不里阿耳。同年冬，蒙哥率军进攻钦察。次年，在速不台的增援下，蒙古尽歼钦察军。同年秋，诸王召开了忽里台大会，决定共同进兵斡罗思。蒙古军一路势如破竹，于 1238 年二月进围公国首府弗拉基米尔城，陷之。1239 年，蒙古军灭阿速国。次年，蒙古军攻陷基铺大公国乞瓦城。1241 年，拔都命蒙古军兵分两路，一路进攻孛烈儿（波兰王国），一路进攻马札儿（匈牙利王国）。蒙古

元彩绘蒙古人驭马俑

此蒙古勇士俑双手持缰绳，胳膊、腿的肌肉紧绷，面部表情生动。

《史集》中描绘的窝阔台登基的情形

旭烈兀的军队进攻巴格达，1258 年蒙古人征服巴格达

军一度抵达奥地利的维也纳附近，这是蒙古大军所到的最西的地方。1942 年，因窝阔台去世，拔都率军返回，蒙古第二次西征结束。

第三次西征

1251 年，蒙哥继承蒙古汗位。因位于里海之南的木剌夷国既不肯对蒙古称臣，也不肯朝贡蒙古，蒙哥遂决定再次西征。1252 年，怯的不花率领 12000 蒙古军作为西征军先锋出发。次年十月，蒙哥的弟弟旭烈兀率蒙古军主力出发，正式开始西征。1256 年，蒙古军进攻木剌夷国。次年，蒙古军占领木剌夷国全境。1257 年，因阿拔斯王朝末代哈里发穆斯台绥木据降并侮辱蒙古使者，旭烈兀率军精进攻巴格达。次年，蒙古军攻陷巴格达，阿拉伯帝国阿拔斯王朝正式灭亡。《新元史》中记载："以毡裹哈里发，置通衢，驱马践毙之。纵兵杀掠，死者八十余万。自是兵威所及，望风披靡。"1258 年，蒙古军进攻叙利亚阿尤布王朝。1259 年，蒙古军攻入大马士革，阿尤布王朝灭亡。同年，因蒙哥去世，旭烈兀令怯的不花驻守叙利亚，自己率主力返回波斯。1260 年，怯的不花在艾因·贾鲁战役被马穆鲁克苏丹忽都斯·贝尔巴斯的击败，蒙古第三次西征结束。

钓鱼城之战——蒙宋军队攻防较量

在蒙古东征西讨不断壮大之际，宋朝却逐渐衰落。宋宁宗开禧二年（1206年），韩侂胄"开禧北伐"失败，宋金签订"嘉定和议"，宋依靖康故事，与之间的关系由叔侄之国改为伯侄之国，宋给金的岁币增至 30 万两，并赔偿金"犒军银"300 万两。宋朝随后由史弥远专权，他对外主和，对内排斥异己，加重税金，中饱私囊。1224 年，宋宁宗病卒，史弥远与杨皇后矫诏废太子赵竑，改立赵昀为帝，是为宋理宗。

宋蒙交战

宋理宗执政初期，朝政大权仍由史弥远掌握。1233 年，史弥远去世，宋理宗开始亲政。宋理宗亲政初期，曾想要有所作为，他起用一些有名望的官员，澄清吏治，亲擢台谏，整顿财政，尊崇理学，宋朝国势开始有些起色。1234 年，宋联合蒙古灭金，蒙古军随后北撤。宋理宗在赵范等人的建议下想要收复河南失地，光复三京。三京是指原北宋的三个都城：东京开封府（即河南开封）、西京河南府（即河南洛阳）和南京应天府（即河南商丘）。宋理宗不顾众多朝臣的反对派兵北上，史称"端平入洛"。宋军虽收复汴京与洛阳，但随后因粮草不继被蒙古军击败。此战令宋军蒙受重大损失，宋朝国力更加衰弱。

1235 年，蒙古大汗窝阔台以宋朝不守盟约为由，派大军分东西两路攻宋，一路攻荆襄，一路攻四川，蒙宋战争爆发。由于此时蒙古大军的大部分兵力正在进行第二次西征，所以此次蒙古攻宋的兵力相对较弱，其战线又长，兵力分散，因此这一阶段蒙古攻宋的战役进展得并不顺利。

1235 年十二月，宋军在沔州之战中击退蒙古军；次年，宋军在真州之战和江陵之战中再度击败蒙古军；但在阳平关之战中，宋军因制置使赵彦呐指挥不当，遭遇大败，宋军自主将曹友闻以下皆战死。《宋史》中记载："友闻叹曰：'此殆天乎！吾有死而已。'于是极口诟骂，杀所乘马以示必死。血战愈厉，与弟万俱死，军尽没，北兵遂长驱入蜀。"

随后，在 1237 的黄州之战和 1238 年的庐州之战、荆襄之战中，宋军再度击败蒙古军队。1241 年，窝阔台去世，蒙古军北归，双方暂时罢兵。蒙宋交战 6 年，双方均伤亡惨重。

蒙古蒙哥汗像

蒙哥即位后主要致力于攻灭南宋、大理等国，并派遣旭烈兀西征西亚诸国。

明　佚名　史弥远像

明州鄞县（今浙江省宁波市鄞州区）人，南宋奸臣、宰相，尚书右仆射史浩第三子。

钓鱼城之战

1251 年，蒙哥继承蒙古汗位。次年，蒙哥派忽必烈等人进攻大理。1254 年，蒙古军攻克大理，对南宋形成包围之势。1258 年，蒙哥汗决定发动全面侵宋战争，蒙古军兵分三路大举攻宋：忽必烈率军进攻两淮地区；兀良合台率军进攻京湖地区；蒙哥率军进攻四川地区。

1258 年七月，蒙哥统兵 4 万，进攻合州。此时，合州的治所已被转移至钓鱼城。钓鱼城是 1243 年四川制置使余玠命人在钓鱼山上修筑，钓鱼山高约 300 米，山下嘉陵江、渠江、涪江三江汇流，南、北、西三面环水，地势险要。余玠为防蒙古军队进攻，创建了山城防御体系，即在四川的主要江河沿岸及交通要道上，选择险峻的山隘筑城结寨，互为声援，钓鱼城即是这一山城防御体系的核心和最为坚固的堡垒。1254 年，王坚任合州守将，在钓鱼城继续大规模修城设防，陕南、川北人民纷纷迁来，钓鱼城由此成为军事重镇。

元　佚名　忽必烈像

大蒙古国第五任可汗及元朝开国皇帝。

蒙哥率军达到钓鱼城后，先派人招降守将王坚，王坚杀死蒙古使者，表示拒不投降。蒙哥于是决定强攻钓鱼城，他先派兵切断钓鱼城与外围宋军的联系，于1259年二月亲自督阵，攻打钓鱼城。宋军在王坚的率领下坚持防守，多次击退蒙古军的进攻。钓鱼城水源丰富，兵精粮足，蒙古军围困钓鱼城数月不克。宋朝亦派出大军救援四川，但被蒙古军所阻，无法抵达。此时，四川已转入酷暑季节，天气炎热，蒙古人本来畏暑恶湿，加上水土不服，导致军中暑热、疟疾、霍乱等疾病流行，情况相当严重。蒙古军中有人提议放弃攻打钓鱼城，顺长江而下继续攻宋。但蒙古军队攻宋以来，从未遭遇如此顽强的抵抗，蒙古军中的将领多不同意此提议，蒙哥亦自恃蒙古军队强大，执意强攻钓鱼城。

蒙古军数万大军被拖延在钓鱼城外，其前锋将领王德臣单骑至城下，想要劝降宋军。《元史》中记载："德臣单骑至城下，大呼曰：'王坚，我来活汝一城军民，宜早降！'语未既，几为飞石所中，遂感疾。"王德臣随后因病重去世，蒙古军队士气大跌，蒙哥亦大受打击。七月，蒙哥在指挥攻城时被飞石所伤，蒙古军撤兵。

影响世界的战役

钓鱼城之战对当时的宋朝及整个世界都产生了深远影响。蒙哥伤重去世，进攻四川的蒙军被迫撤军。当时进攻鄂州的忽必烈本想继续南征，但因听闻蒙古大臣打算拥立阿里不哥为汗之后，只得率军北返，争夺汗位。蒙古由此陷入分裂，开始了长达4年的内战，南宋朝廷因此得以苟延残喘20余年。

另一方面，因蒙哥汗的去世，蒙古的西征大军停止向非洲进军，在欧洲的扩张也戛然而止，蒙古第三次西征结束。

襄阳之战——宋元政权更迭关键一战

襄阳之战是南宋政权被蒙古帝国统治政权消灭的一次重要战役，即宋元交替的关键一战，这场战役为元军长驱直入宋朝腹地打开了一条畅通的道路。

宋元形势

蒙哥去世后，忽必烈与阿里不哥展开汗位之争，阿里不哥试图诱使忽必烈回到和林，再逼其就范，然后名正言顺地登上大汗宝座。忽必烈识破了阿里不哥的阴谋，1260年三月，忽必烈抢先在开平召开忽里勒台，在部分宗王的支持下登上汗位，年号中统。五月，阿里不哥在和林召开大会，宣布自己为蒙古大汗。忽必烈与阿里不哥之间的斗争既是对汗位的争夺，也是两种文化的较量，阿里不哥代表蒙古贵族中的保守势力，而忽必烈主张实行汉化。在地理位置上，阿里不哥居于漠北，而忽必烈位于漠南，与汉地接壤。

起初，阿里不哥一方的实力明显强于忽必烈，在蒙古的汗国中，钦察汗国、窝阔台汗国和察合台汗国都支持阿里不哥，只有当时西征军主帅旭烈兀的伊利汗国支持忽必烈。但忽必烈以汉地丰富的人力、物力为依托，终于在1264年彻底击败阿里不哥。同年，忽必烈改"中统五年"为"至元元年"。1271年，忽必烈将国号由"大蒙古国"改为"大元"，取《易经》"大哉乾元"之义。1272年，忽必烈采纳刘秉忠的建议，改中都为大都，宣布在此建都，标志着新王朝的政权建设已全部完成。忽必烈虽成功登上汗位，但也令蒙古内部发生分裂，之前支持阿里不哥的汗国纷纷独立。

在击败阿里不哥后，忽必烈再次将目光转向南宋。宋理宗晚年沉迷享乐，倦怠朝政，大兴土木，南宋的国力更加衰弱。1264年，宋理宗病逝，他的侄子赵禥继位，是为宋度宗。宋度宗即位后沉迷酒色，不理朝政。《续资治通鉴·宋纪一百八十》上记载："帝自为太子，以好内闻；既立，耽于酒色。故事，嫔妾进御，晨诣合门谢恩，主者书其月日。及帝之初，一日谢恩者三十余人。"宋廷的朝政大权掌握在贾似道手中，贾似道曾在鄂州之战中率军与忽必烈交战，后忽必烈因蒙哥之死退兵，贾似道遂将功劳揽在自己身上，从此扶摇直上。贾似道采用了公田法等一系列措施挽救宋朝的危机，但此时的宋朝已是积重难返。

阿里不哥像

襄樊之战

1267 年，忽必烈下令元军攻宋。这次，在汉人刘整的建议下，忽必烈调整策略，改变蒙哥汗时重点进攻川蜀的做法，而将进攻的重点放在荆襄地区。刘整本是宋朝将领，遭到吕文德等人的排挤，于是投降蒙古，他在元军攻襄樊的战役中发挥了重要作用。

襄阳与樊城夹汉水两岸而立，易守难攻，自古以来都是兵家必争之地。忽必烈采用刘整的建议，先将襄阳与汉东地区的联系切断，再断其南北粮道，封锁汉水，使其成为一座孤城，随后将襄阳重重围困。忽必烈首先派主帅阿术进攻襄阳城外的安阳滩，正式拉开襄樊之战的序幕。蒙古军虽获胜，却暴露出不善水战的弱点。1270 年，刘整建议元军训练水军，加强水上作战的能力。《元史·刘整传》中记载，刘整对

宋　佚名　宋度宗像

阿术说："我精兵突骑，所当者破，惟水战不如宋耳。夺彼所长，造战舰，习水军，则事济矣。"忽必烈随后同意其意见，"造船五千艘，日练水军，虽雨不能出，亦画地为船而习"。

另外，襄阳守将吕文焕多次率军出击，均未能突破元军的包围。1269年，南宋朝廷先后派张世杰、夏贵、范文虎等人救援襄阳，皆被元军击退。1271年，贾似道派范文虎两度率军救援襄阳，又被元军击败。次年，江制置副使孙虎臣及湖北安抚副使高世杰趁汉水暴涨之机，护送衣物、粮草等成功进入襄阳，但在撤退时又被元军击败。

1272年，阿术、刘整等人进攻樊城，以回回炮猛攻城池，攻破樊城外城，宋军退守内城。宋京湖制置大使李庭芝招募勇士3000人，由民兵部将张顺、张贵率领，趁五月汉水暴涨，载盐、布等物资突入襄阳，城中士兵受到极大鼓舞。但随后，张贵在接应援军的过程中遭叛徒出卖，范文虎又怯战失约，张贵遭元军围困，全军覆没。襄阳与樊城的外援自此断绝，只靠水上浮桥连接。

1273年，元军对樊城发起总攻，毁坏襄阳与樊城之间的浮桥，以回回炮击破城墙，杀入城中，樊城陷落。元军随后转攻襄阳，因樊城陷落，襄阳城中人心大乱。元世祖趁机派人劝降吕文焕，元朝使者对吕文焕分析，蒙古席卷四海，所向披靡，宋以一隅之地抵抗蒙古大军，败亡是迟早的事。吕文焕为宋朝守卫襄阳数年，已经尽了身为臣子的本分，应该为城内的百姓着想。《元史》中记载，元朝将领还在城下对吕文焕喊话说："我师所攻，无不取者，汝孤城路绝，外无一兵之援，而欲以死守求空名，如阖郡之人何？汝宜早图之！"在得到元朝不会处死自己及家人的保证后，吕文焕出降，襄阳失守。

襄樊之战持续近6年，最终以宋朝的落败而告终。元军在此战中部署得当，水陆配合，上下齐心，终取得胜利。而宋朝方面，前线军队缺乏统一指挥，配合不当，所以尽管宋廷十几次派军增援襄阳，依然没能解除襄阳之围。襄樊的陷落令宋朝中路门户大开，元军彻底掌握了战争的主动权，宋朝的灭亡已是时间问题。

崖山海战——宋元大规模海战

元朝攻下襄樊后，1274 年，宋度宗去世，其四岁的幼子赵㬎继位。次年改元德祐，赵㬎即宋恭帝，由谢太后临朝称诏，贾似道独揽大权。元军随后进兵鄂州，并派襄阳降将吕文焕沿途招降宋军将领，因沿途守将多为吕氏旧部，所以宋军纷纷投降。

崖山海战是宋元之间一次关乎南宋存亡的决战，也是中国海战历史上一次具有重大意义的大规模海战，战争以元军以少胜多全歼宋军结束。

宋朝灭亡

此时，南宋朝廷上下都将抵抗元军的希望寄托在贾似道身上。贾似道迫于舆论压力，只得领兵出征。谢太后派贾似道率领 10 万多宋朝主力军队、2000 多艘战船，以孙虎臣为前锋、夏贵为水军统帅，抵御元军。贾似道派前锋孙虎臣驻扎在丁家洲，夏贵率领水军横贯江面，自己驻扎在鲁阳。贾似道仍寄希望于与元军议和，结果被对方断然拒绝。元军主帅伯颜见宋军势大，以火攻之计从水陆两路进攻宋军，孙虎臣和夏贵不战而逃，宋军大溃，贾似道只得撤军。战后，贾似道被追责，谢太后将其免职，贬到广东，贾似道在贬谪途中遇刺而亡。

元军趁势占领建康，进攻常州，在攻破常州后屠城。随后，元军直逼南宋都城临安，同时进攻扬州。此时，南宋群臣已经胆寒，很多人暗中逃亡，甚至出现上朝时只有几个人的场面。宋廷任用优柔寡断、欺世盗名的陈宜中为相，局势更加恶化。1276 年，谢太后派文天祥与元军议和，元军扣押文天祥。谢太后又派他人出使，请求称臣。《宋史》中记载："明年正月，更命宜中使军

254

中，约用臣礼。宜中难之，太后涕泣曰：'苟存社稷，臣，非所较也。'"二月，谢太后请和不成，带领宋恭帝出降。

流亡的朝廷

在宋恭帝与谢太后出降后，元军占据临安，益王赵昰、广王赵昺在宋军护送下逃出临安，前往温州。同时，文天祥从元军中逃出。1276年六月，文天祥与陆秀夫、张世杰等人在福州拥立宋恭帝的兄长赵昰为帝，赵昰即宋端宗，改元景炎。宋端宗继位后，召扬州守将李庭芝、姜才来福州勤王，两人才出扬州，负责留守的朱焕便投降元军。两人只得带领宋军进入泰州，元军随后进攻泰州。《宋史》中记载："阿术驱扬兵士妻子至城下，会才疽发胁不能战，诸将遂开门降。"李庭芝和姜才因拒降被杀。此时，宋军中只有沿海一带的部分城池还在坚守。文天祥在江西、福建等地招募士兵，抵抗元军，力图收复失地。但此时宋朝已无力抵抗元军，宋军接连战败。1277年，福州亦被元军攻陷，宋君臣逃往海上。1278年，宋端宗病逝，其7岁的弟弟卫王赵昺登基，年号祥兴。同年十一月，文天祥被俘，元军将领张弘范要文天祥写信招降张世杰，文天祥回答说："我不能保护自己的父母，难道还要叫别人背叛父母吗？"于是，文天祥写下了著名的

明　佚名　宋恭帝像

宋恭帝即位之时，蒙古铁骑大举南下，局势失去控制，宋王朝的统治已经陷入了瘫痪状态。

明　佚名　宋端宗像

宋朝第十七位皇帝，南宋第八位皇帝，宋末三帝之一，在位两年。

清 佚名 陆秀夫像

元军大举南犯之时，陆秀夫辅弱幼主驻军崖山抗元，不幸战败，驱妻、子入海后，即怀揣玉玺，负帝壮烈投海。

清 叶衍兰 文天祥像

南宋末年政治家、文学家、爱国将领。

《过零丁洋》一诗。《宋史》中记载："索之固，乃书所过《零丁洋诗》与之。其末有云：'人生自古谁无死，留取丹心照汗青。'弘范笑而置之。"

崖山海战

1279 年，张弘范率元军抵达崖山，他三次派人招降张世杰，被张世杰严词拒绝，张弘范于是令元军发动进攻。张世杰将宋军的战船连在一起，将皇帝赵昺乘坐的船放在中间位置。元军想火烧宋军战船，但未能成功。元军于是断绝宋军取水之路，宋军被困十余日，只得饮海水度日，士气大跌。《宋史》中记载："已而弘范兵至，据海口，樵汲道绝，兵茹干粮十余日，渴甚，下掬海水饮之，海咸，饮即呕泄，兵大困。"元军几次进攻失败后，命军中奏乐，令宋军以为元军在举行宴会而松懈。元军派伏兵以楼船接近宋军战船，突然发动进攻，宋军大败。陆秀夫见无法突围，便背着 8 岁的赵昺投海而亡。《宋史》："崖山破，秀夫走卫王舟，而世杰、刘义各断维去，秀夫度不可脱，乃杖剑驱妻子入海，即负王赴海死，年四十四。"

陆秀夫跳海之后，随行的 10 万多军民亦相继跳海。次日，海上浮尸 10 万。逃出生天的张世杰本想奉杨太后寻找赵氏的后代继续抗元，但杨太后亦跳海而亡。随从的人建议张世杰登岸，被张世杰拒绝，随后其船遭遇大风，船毁人亡。《宋史》："俄飓风坏舟，溺死平章山下。"

元世祖忽必烈将文天祥囚禁三年，见其不愿归降，本打算将其释放，但因文天祥曾在江西募兵抗元，因而作罢。忽必烈召见文天祥，问他有何心愿，文天祥答："愿赐之一死足矣。"随后，文天祥向南方跪拜后从容赴死。《宋史》中记载，文天祥的妻子在收敛尸体时，在其衣带中发现字条，上书："孔曰成仁，孟曰取义，惟其义尽，所以仁至。读圣贤书，所学何事，而今而后，庶几无愧。"

　　崖山海战对中国的历史影响巨大，宋朝灭亡。张世杰、陆秀夫等人在此战中有部署不当之处，但从当时元朝与宋流亡朝廷的力量对比来看，宋朝已无力回天，不应对此过多苛责。文天祥、张世杰、陆秀夫等人宁死不屈，显示出"虽万千人吾往矣"的勇气，其大义凛然的精神至今仍激励着中国人民。

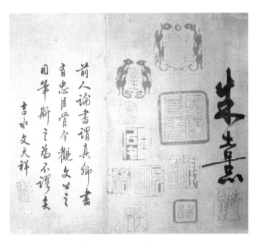

文天祥在朱熹《蓬户手卷》中的题记

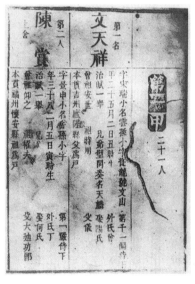

文天祥状元及第榜

第八章
明清封建王朝的统一战争

永乐北伐——明成祖五次亲征蒙古

永乐北伐是指明成祖朱棣在位期间曾五次亲征，讨伐蒙古，这系列战争解决了明朝前期的北方问题，维护了祖国的统一。

蒙古分裂

朱元璋建立明朝，收复北方后，元朝的残余势力退居北方，史称"北元"。北元内部纷争不断，其皇权逐渐旁落。到永乐初年，蒙古分裂为西部的瓦剌、东部北元朝廷统治的蒙古本部和兀良哈三部，其中以瓦剌和蒙古本部比较强大。1402年，蒙古本部的鬼力赤杀死坤帖木儿汗后自立为汗，明朝将其称为"鞑靼"。蒙古开始了瓦剌与鞑靼对立的时期。双方的分裂由来已久，瓦剌是以阿里不哥属民后裔为主的西部卫拉特蒙古，鞑靼是以忽必烈系北元大汗直属部众以及东道诸王后裔部众为核心的蒙古人。

1402年，燕王朱棣取得靖难之役的胜利，在南京登上帝位，是为明成祖。次年，改元永乐。明成祖因初登大宝，统治未稳，对蒙古采取示好的策略，他曾派使者恭贺鬼力赤登上帝位。1407年，北元发生内乱，太师阿鲁台杀死鬼力赤，于次年拥立黄金家族的后裔孛儿只斤·本雅失里继承汗位。在阿鲁台的策应下，鞑靼与兀良哈三卫联合，于1409年共同攻打瓦剌，但被瓦剌首领马哈木击败。俗语说"敌人的敌人就是朋友"，在名义上，毕竟继承北元朝廷的鞑靼部才是明朝真正的敌人，所以瓦剌与明朝有着共同的敌人，马哈木因此对明朝采取暂时友好的策略。1408年，马哈木曾派使者向明朝进贡马匹，并请求明朝册封。

1409年，明成祖派使者出使鞑靼，表面上要求双方和好，实际上想干涉

明　佚名　朱元璋像　明朝开国皇帝（1368—1398 年在位）' 年号「洪武」。

明　佚名　朱棣像

鞑靼内政，结果明朝使者被本雅失里杀死。同年，明成祖封马哈木为特进金紫光禄大夫、顺宁王。

五次北伐

1409 年，明成祖派丘福率 10 万大军讨伐鞑靼。但丘福轻敌冒进，鞑靼佯装败退，诱明军深入。丘福不听下属的劝告，执意进军，结果明军被蒙古军包围，全军覆没。明成祖闻讯大怒，决定亲征鞑靼。《明史·丘福传》中记载："俄而敌大至，围之数重。聪战死，福及诸将皆被执遇害，年六十七，一军皆没。败闻，帝震怒。以诸将无足任者，决计亲征。"

1410 年，明成祖率 50 万大军，亲征鞑靼。鞑靼朝廷闻讯后，碍于明军势大，决定避战。但本雅失里和阿鲁台随后产生分歧，本雅失里想要退往西方，而阿鲁台不想放弃北元统治区域，想要退往东方。二人未能达成一致，最后分道扬镳，各向东、西方撤退。明成祖听闻鞑靼撤退后，率军追赶本雅失里。在斡难河边将其击败，本雅失里仅率 7 骑逃往瓦剌，后被马哈木杀死。明成祖击败本雅失里后，随即向东追击阿鲁台，在兴安岭击败阿鲁台，阿鲁台只得归顺。1413 年，明王朝封阿鲁台为和宁王。

鞑靼被明朝击败后，瓦剌逐渐强大起来，想要吞并鞑靼。1413 年，马哈木扣留明朝使者，并要求明朝归还俘获的鞑靼部众，还侵犯明朝边境。1414 年，明成祖再度率领 50 万军队亲征瓦剌。在忽兰忽失温之战中，明军以神机铳炮击退蒙古骑兵，双方随后展开阵地战，瓦剌大败，马哈木逃遁，明军班师，将大胜之事昭告天下。《明史》中记载："庚戌，班师，宣捷于阿鲁台。戊午，次三峰山，阿鲁台遣使来朝。己巳，以败瓦剌诏天下。"

1415 年，马哈木向明朝献贡马谢罪，并归还之前扣留的明朝使者。阿鲁台见瓦剌败于明军，正是虚弱之际，于 1416 年趁机进攻瓦剌，马哈木败亡。此后的数年间，瓦剌、鞑靼互相攻伐，鞑靼部逐渐强大。阿鲁台于是渐有不臣之心，1421 年，鞑靼骚扰明朝边境。次年，阿鲁台进攻明朝兴和。

1422 年，明成祖朱棣再次率军亲征鞑靼。阿鲁台闻明军到来，抛弃辎重向北逃窜。明军尽掳鞑靼所弃牲畜，焚烧其辎重。在回师途中，明成祖下令攻打

本雅失里像

成吉思汗的后裔，北元蒙古可汗，元末明初鞑靼的领导人之一。

投靠阿鲁台助纣为虐的兀良哈部。《明史》中记载："帝亲击败之，追奔三十里，斩部长数十人。辛未，徇河西，捕斩甚众。"兀良哈的余党于是诣军门请降。

1423年，明成祖再度率军进攻鞑靼。此时，瓦剌部在马哈木之子脱欢的经营下逐渐强大。明军还未出兵，阿鲁台就被瓦剌击败，明军于是班师。

1424年，阿鲁台率军进犯明朝山西大同、开平等地。明成祖再度率军亲征阿鲁台，阿鲁台再度逃窜，明军追击未获，因粮尽而退兵，明成祖在班师途中病逝。

未尽全功

明成祖朱棣五次北征，既有彻底消灭北元的意图，也有令瓦剌、鞑靼臣服，一劳永逸地解决明朝北方边境问题的因素，二者其实相辅相成。明成祖的北伐取得了一定效果，削弱了蒙古的势力，保护了明朝边境的安宁。但明成祖的五次北伐均未彻底击溃瓦剌和鞑靼，五次北伐中只有前三次取得战果，后两次皆无功而返。

明成祖去世后，继位的明仁宗、明宣宗对蒙古采取防御安抚的政策，令蒙古有机会发展壮大。1431年，阿鲁台与瓦剌脱欢部交战败北，其统治已岌岌可危。两年后，阿鲁台自辽东入贡，其部下多归降明朝。1434年三月，脱脱不花击败阿鲁台，掳其妻子部众。八月，脱欢击杀阿鲁台，阿鲁台所立的阿岱汗逃往。1438年，明军击败阿岱汗。同年，脱脱不花与脱欢杀死阿岱汗，兼并其部众，蒙古结束分裂，实现统一。

土木之变——明中央军队的第一次大败

土木之变，也称土木堡之变，是明朝与少数民族瓦剌的一场战争。明英宗朱祁镇受宦官王振挑唆，御驾亲征，却兵败被俘，这也是明朝中央军队在对外抗战中的第一次大败。

蒙古与大明

1433 年，脱欢拥立脱脱不花为汗，但瓦剌大权实际仍掌握在脱欢手中。1438 年，脱欢击败阿岱汗，统一蒙古各部。次年，脱欢去世，其子也先继承其位，号太师淮王，蒙古北部皆臣服于也先。脱脱不花空有大汗之名，却无法控制也先，就连蒙古去明朝入贡，也是君臣二人分别派人前往。《明史》中记载："每入贡，主臣并使，朝廷亦两敕答之。"

明仁宗和明宣宗时期，对蒙古的政策由战略进攻转为被动防守，瓦剌亦忙于统一蒙古各部和稳固统治，双方除小规模袭扰外，基本无大规模战事，明朝边防军备逐渐废弛。边防屯田被军中权贵侵占，军队将领贪污腐化，军队战斗力薄弱，空饷问题严重，有的明朝边军将领甚至与瓦剌暗中来往，走私兵器。《明实录》中记载，明英宗时曾发现山西、大同等地有人走私军火给瓦剌："瓦剌使臣多带兵甲、弓矢、铜铳诸物，询其所由，皆大同、宣府一路贪利之徒私与交易者。"

1435 年，明宣宗驾崩，其子朱祁镇即位，次年改元正统，朱祁镇即明英宗。明英宗即位时只有 9 岁，朝政由太皇太后张氏掌握。张氏任用明宣宗时旧臣"三杨"——杨士奇、杨荣、杨溥等人，整顿吏治，发展经济，明朝呈现一片欣欣向荣的景象。1443 年，张氏去世，明英宗开始亲政。几年之后，"三杨"亦

明　佚名　朱祁镇像

9 岁即位，但因宠信太监王振，导致宦官专权，发生土木堡之变，兵败被俘，后在 1457 年复位。

凋零殆尽，明英宗宠信宦官王振，任其独掌朝政。王振贪污受贿，结党营私，排斥异己，明朝政局逐渐紊乱。

1438 年，云南麓川宣慰司思任发、思机发父子叛乱，10 年间明朝 4 次派军征讨麓川，仍无法将其平定，最终只能与其议和。麓川之战耗费了明朝大量人力物力，导致民力疲惫，国库空虚。《明史》中记载："麓川连年用兵，死者十七八，军赀爵赏不可胜计。"这为瓦剌进攻明朝提供了便利。

另外，明朝对入贡的蒙古使者采取厚加赏赐的政策，蒙古人贪图明朝赏赐的财物，常常以各种名义朝贡，并通过增加使团人数骗取明朝的赏赐。其使团人数由最初的 50 人增加至 2000 人，一旦向明朝索要财物不得，蒙古人就会在边境生事。明英宗正统三年（1438 年）、六年（1441 年）、九年（1444 年），明朝曾 3 次出兵北伐，在亦集乃之战中击败鞑靼阿岱汗，在丰州之战中击败瓦剌，在以克列苏之战中击败兀良哈。王振掌权后，将赏赐蒙古使团的财物削减，也先遂以此为名，发兵攻打明朝。

明　佚名　朱祁钰像　　朱祁钰是明朝迁都北京之后，第一个没有被葬于明朝十三陵的皇帝。

明　谢环　杏园雅集图

该图充分运用散点透视、现实主义的创作手法再现杨士奇、杨荣、杨溥等九位内阁大臣在杨荣府邸杏园聚会的历史画面。

明　商喜　明宣宗行乐图（局部）　　该图展现了明宣宗出行游猎的场面，人物众多，描绘细致。

土木堡之战

脱脱不花像

1350年，脱脱不花被高丽朝廷送往元朝，充当元顺帝的宿卫。脱脱不花通过与元廷的亲密关系成功取得高位，并在1354年被册立为沈王。

也先像

也先在土木堡之战中打败明军，俘虏了明英宗并包围北京，后围攻不成，退回蒙古，并释放明英宗。

实际上，也先早有进攻明朝的意图，只因在蒙古内部各族之间未达成一致意见，所以搁浅。此次也先集合蒙古各部，分四路进攻明朝：脱脱不花攻辽东，阿剌知院攻宣府，骁将阿乐攻甘肃，也先攻大同。明军与蒙古交战接连失利，在阳和之战中，因太监郭敬干政，明军几乎全军覆没。在宦官王振的蛊惑下，明英宗不顾朝臣的劝阻，率领100多名文武官员，带着20万大军亲征蒙古。在出征路上，一切军国大事皆由王振决定，其他官员多次向明英宗提出建议，均被王振驳回。由于明军只准备了数天即出发，其补给严重不足，还未至大同，军中就已经缺粮。加之天降大雨，道路泥泞难行，军中怨声载道，兵部尚书与户部尚书劝明英宗南返，被王振严厉斥责。

明军在路上见到此前与蒙古交战的战场上满地尸骸，人心浮动。到达大同后，前方战败的消息传来，王振听逃亡回来的太监郭敬讲述前方惨状，于是心生畏惧，劝明英宗回师。以明军当时的处境，回师实为明智之举，但王振想要让明英宗巡幸自己的家乡蔚州，于是建议不从原路返回，而从大同奔蔚州，再从紫荆关入关。其实这条路线本身也没有问题，但大军行至一半，王振却担心大军踩坏庄稼，于是下令原路返回，由来时的居庸关入关。路线的临时改变令军中人心大乱，也耽误了大军回程的时间。同时，也让瓦剌大军追上了明朝的军队。

在发现瓦剌骑兵后，明英宗令恭顺伯吴克忠、都督吴克勤率兵断后，吴克忠等辈瓦剌骑兵突袭，死伤殆尽。明英宗又遣成国公朱勇、永顺伯薛绶率4万余骑兵前去支援，结果明军在鹞儿岭中伏，全军覆没。《明史》中记载："车驾还次宣府，敌众袭军后。恭顺侯吴克忠拒之，败殁。成国公朱勇、永顺伯薛绶以四万人继往，至鹞儿岭，伏发，尽陷。"

明军一路行至土木堡，此时距怀来城只剩20余里，因有上千辆运送辎重的车辆尚未抵达，王振想要在土木堡扎营。兵部尚书邝埜建议明英宗入关，却被王振所斥。明军在土木堡扎营，随后被瓦剌大军包围。明军被围两天，军中无水，士兵饥渴，掘地两丈仍不见水，军心涣散。也先假意与明军议和，随后撤退。王振再次不顾劝阻，命士兵出营取水，结果瓦剌趁机回军进攻，明军大败。《天顺日录》中记载："速传令台营南行就水，行未三四里，寇复围，四面击之，竟无一人与斗，俱解甲去衣以待死，或奔营中，积叠如山。幸而胡人贪得利，不专于杀，二十余万人中伤居半，死者三之一。"

北京保卫战

土木堡之变对明朝政局产生了巨大影响，明军遭遇大败，损失惨重，国力由此急转直下。明英宗被俘，其弟朱祁钰继位，蒙古大军随后兵临城下，攻打明朝都城北京，明朝几乎遭遇亡国之危。在于谦等人的率领下，明军最终赢得北京保卫战的胜利，令明朝的统治得以延续，阻挡了游牧民族再次南下，也守护了北方的和平。

万历援朝之战——明对外战争最后的辉煌

万历援朝之战也称万历朝鲜战争，这是明神宗朱翊钧在位时联合朝鲜对战日本的一场战争。这场战争可以说是明朝最后的辉煌，不仅保卫了朝鲜半岛，也巩固了中朝友谊。

张居正与明神宗

1572年，明穆宗去世，其子朱翊钧即位，次年改元万历，朱翊钧即明神宗。明神宗即位时年仅10岁，他任用张居正为内阁首辅。张居正针对当时明朝社会存在的问题，大刀阔斧地实行改革。他推行考成法，整顿吏治；清丈全国土地；实行一条鞭法，改革赋税。经过10年的改革，明朝经济状况大为好转，朝廷面貌焕然一新。1582年，张居正去世，其改革也随之结束。

张居正去世后，明神宗开始亲政，但他很快开始沉湎酒色，荒废朝政。另外，明神宗在立太子的问题上与朝臣发生争执。明神宗十分宠爱郑贵妃，想要立其子朱常洵为太子，但朝臣和皇太后则坚持应按照祖宗之法，立皇长子朱常洛为太子，双方互不妥协，由此展开拉锯战。1589年之后，明神宗不再接见朝臣。朝中官员由此多有空缺，大量事务积压下来，无人处理。《明神宗实录》中记载："盖总计部院堂上官共三十一员，见缺二十四员，其久注门籍者尚不在数内。此犹可为国乎？"

宁夏之役

在明神宗亲政后，明朝边境爆发了三次大规模的战事，史称"万历三大征"。

1592 年 2 月，蒙古人哱拜在西北地区发动叛乱，夺取了黄河以西的 47 座城堡。三月，总督魏学曾派副总兵李昫狙击叛军。李昫接连击败叛军，收复 47 座城池，叛军退往宁夏固守，明军一时攻城不下。朝廷随后接连派麻贵、李如松等人赴宁夏助战。七月，明军以黄河之水灌城，叛军大败。明军施展反间计，令叛军自相残杀，随后攻破城池，哱拜自杀，明军平定叛乱，史称"宁夏之役"。

万历朝鲜战争

1590 年，丰臣秀吉基本统一日本，次年又平定了国内的叛乱，其统治逐渐稳固，遂滋生了更大的野心，想要先征服朝鲜，再征服中国，进而征服印度，建立一个亚洲帝国。而此时的朝鲜则因承平日久，军备松弛，朝廷怠政严重，国力衰弱不堪。

明　佚名　明神宗像

明穆宗驾崩后，10 岁的朱翊钧即位，年号万历，在位 48 年，是明朝在位时间最长的皇帝。

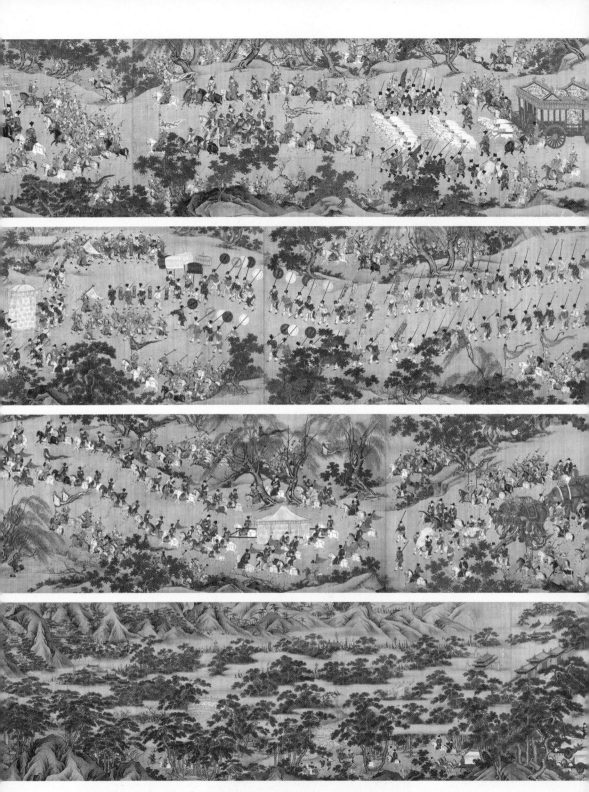

明　佚名　出警图　　《出警图》绘皇帝骑马，由陆路出京，声势浩大地来到京郊的十三陵拜先祖。

277

明 佚名 入跸图 　《入跸图》画皇帝坐船走水路还宫的情景。

日本 狩野光信 丰臣秀吉像

日本著名政治家，继室町幕府之后，首次以"天下人"的称号统一日本的战国三杰之一。

明 佚名 张居正像

明朝政治家、改革家、内阁首辅，辅佐明神宗朱翊钧进行"万历新政"，史称"张居正改革"。

1591 年，丰臣秀吉派使者出使朝鲜，提出进攻明朝的构想。他在国书中说："吾欲假道贵国，超越山海，直入于明，使其四百州尽化我俗，以施王政于亿万斯年，是秀吉宿志也。"他提出要朝鲜作为日军的先导，为日军提供援助。作为明朝藩属国的朝鲜自然表示拒绝，但朝鲜却将此事隐瞒，没有告知明朝。与此同时，丰臣秀吉已经开始动员全国，招募士兵和战船，进行攻朝的准备。1592 年四月，丰臣秀吉以朝鲜拒绝辅助日本攻明为由，发兵 14 万进攻朝鲜。

日本采取水陆并进、速战速决的策略，用了两个月的时间即攻陷平壤。朝鲜战备废弛，节节失利，只剩下一些零星的抵抗势力。朝鲜宣祖李昖仓皇逃到中朝边境的义州，派使者向明朝求救。明朝对突然爆发的日本侵朝战争措手不及，虽然明朝此前曾收到日本想要进攻明朝的风声，但对日本的兵力部署及朝鲜是否与日本合谋等事一无所知。明朝随后派出大批使者赴朝查探军情，双方使者亦来往不绝。

在摸清基本情况后，明朝从保护藩属国的立场出发，毅然决定出兵救援朝鲜。但此时朝鲜已千疮百孔，既无兵力，也无粮饷，明朝只得从中央调派粮食。七月，第一批明军在辽东副总兵祖承训的率领下进入朝鲜。但由于情报失误，加上不熟悉日军作战方式，明军在进攻平壤时遭遇失败，损失惨重。十二月，明神宗命刚刚结束宁夏之役的李如松为东征提督，统蓟、辽、冀、川、浙诸军，克期东征。明军对外号称 10 万大军，但根据不同史书的记载，其具体兵力应在 4 万到 7 万之间。

1593 年正月，明军进攻平壤。日军负责守卫平壤的是日将小西行长，双方对平壤展开激烈争夺。李如松亲自指挥战斗，其胯下战马亦被日军火器击中。《明史》记载："如松马毙于炮，易马驰，堕堑，跃而上，麾兵益进。将士无不一当百，遂克之。"明军取得平壤大捷，击毙日军 1 万多人。李如松随后收复失地 500 余里，兵锋直指王京汉城。

在通过汉城的必经之路碧蹄馆时，明军副总兵查大受指挥的辽东 3000 铁骑在侦察敌情时与日军遭遇，日军认为这是明军的大股部队，遂调集数万军队，想要将其围歼。但明军李如松判断失误，只带数千兵马前来救援，双方激战一昼夜，日军以为明军将大举来攻，于是撤退。

李如松随后派兵奇袭日军的粮库龙山大仓，将其军粮全部烧毁。此时，李舜臣所率领的朝鲜水师也对日军展开反击，在浦岛海战和闲山岛海战中接连击败日军。日军随后改变战略，以固守的方式接连击退朝鲜水师。日军粮草不继，加之此时朝鲜瘟疫流行，六月，日本提出与明朝议和。九月，朝鲜国王李昖上表答谢朝廷援救及助其复国。十二月，明神宗下令明军撤兵。

此次议和，明朝与日本未能达成一致，但双方派出议和的使者为达成和议，对朝廷均有所隐瞒，后来事情败露。1597 年，丰臣秀吉出动陆军 141490 人、水军 7200 人再次攻打朝鲜。明朝派麻贵为备倭总兵官，率军支援朝鲜。此时朝鲜城池接连落入日军手中，明军处境艰难。明军在稷山之战中击败日军前锋，为明军增兵朝鲜赢得时间。随后，在蔚山之战中，因杨镐指挥不力，明军战败，《明史》中记载："镐大惧，狼狈先奔，诸军继之。贼前袭击，死者无算。"在接下来的泗川倭城之战和顺天城之战中，明军再度落败。十月，丰臣秀吉去世，日军无心恋战，开始撤退，明军与朝鲜军队趁势追击。李舜臣在追击日军时中流弹牺牲，日军最终逃回本国。1599 年四月，明军班师回朝。五月，明廷颁《平倭诏》诏告天下。

萨尔浒之战——明与后金辽东战争中的战略决战

萨尔浒之战是明朝与努尔哈赤领导的后金政权的一场战役，由于两军在萨尔浒对垒，因此名为"萨尔浒之战"，最终以明朝的失败告终。

明朝的困境

明朝在支援朝鲜抵抗日本的同时，在西南方还进行着播州之役。1596年，播州土司杨应龙发动叛乱，此时明朝将军事重点放在朝鲜战场上，无法全力对其进行围剿，杨应龙趁机出兵攻打周边地区，势力迅速壮大。朝鲜战争结束后，明朝开始调兵平定杨应龙。1600年，明军攻陷杨应龙最后的据点海龙屯，杨应龙自杀，播州之役结束。播州之役是万历三大征中结束最晚的，这三次战争严重损耗了明朝的国力，其中又以朝鲜之役花费最多。《明史》中记载："宁夏用兵，费帑金二百余万。其冬，朝鲜用兵，首尾八年，费帑金七百余万。二十七年，播州用兵，又费帑金二三百万。三大征踵接，国用大匮。"

除了财政危机外，此时明朝的政治亦面临危机，朝堂上党派林立，各党派之间相互倾轧，斗争激烈。明皇室内部也一片混乱，在1615年，甚至发生了袭击太子的梃击案，但如此大案却在万历皇帝的干预下不了了之。万历皇帝除好色、荒废朝政外，还十分贪财，他向各地派遣矿监税使，掠夺民间财富，令明朝社会矛盾更加激烈。1600年，因宦官高淮在辽东开矿征税，肆虐百姓，激起兵变，史称"高淮乱辽"。类似的事情在西南也有发生，史称"杨荣乱滇"。更重要的是，万历三大征造成明朝边防空虚，驻守辽东的军队减员超过一半，这给了后金崛起的机会。

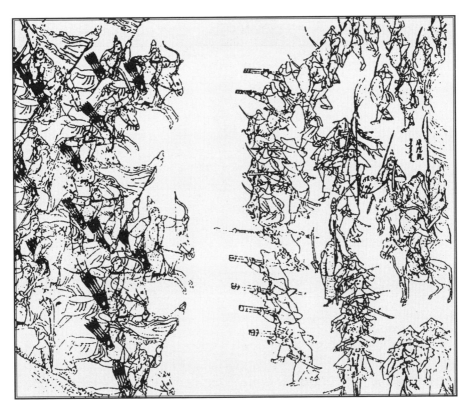

明　佚名　萨尔浒战役　图描绘后金骑兵在萨尔浒向明军步兵推进的情景。

女真崛起

完颜阿骨打带领女真人西迁，建立金朝之后，还有一部分女真人仍留在东北地区。明朝时，东北地区的女真人主要分为三大部落，分别是建州女真、海西女真和东海女真。1583年，明辽东总兵官李成梁率军平定古勒之乱时，建州女真图伦城的城主尼堪外兰暗通明朝，趁乱喊道："李太师有令，谁杀死阿台，谁就做古勒城的城主。"这导致城中大乱，努尔哈赤的父亲和祖父死于乱军中。努尔哈赤将家人的死归罪于尼堪外兰，要求明朝交出尼堪外兰，但明朝认为努尔哈赤的家人死于乱军之中，与尼堪外兰无关，便没有答应努尔哈赤的要求。双方由此结怨，这是后来努尔哈赤起兵讨伐明朝的重要原因之一。

1586年，努尔哈赤击败尼堪外兰，尼堪外兰逃往明朝。明朝见努尔哈赤势大，尼堪外兰已无用处，于是在努尔哈赤的要求下，交出尼堪外兰，努尔哈

清 佚名 努尔哈赤像

赤随后将其杀死。《清史稿·太祖本纪》中记载："既知尼堪外兰入明边,使人向边吏求之,使斋萨就斩之。以罪人斯得,始与明通贡焉。"努尔哈赤在与明朝交好的同时,抓紧统一女真各部。他在统一建州女真后,于1593年在古勒山之战中击败海西女真,奠定了统一女真各部的基础。随后,努尔哈赤相继击败东海女真和野人女真。1616年,努尔哈赤在赫图阿拉称帝,建元天命,国号金。

萨尔浒之战

1618年,努尔哈赤决定进攻明朝,发布与明朝"七大恨"的檄文,其主要内容就是明朝杀死其祖父和父亲、侵夺女真边境、帮助与其为敌的叶赫部等。努尔哈赤先是攻取了抚顺以东的大部分城堡,但因兵力不足,无法攻陷沈阳的重要城池,加之听闻明军来援,于是撤兵转而进攻女真的叶赫部。

1619年,明朝派兵部左侍郎杨镐为辽东经略,率领20万军队,加上叶赫部和朝鲜军队,号称47万,向辽东发起进攻。杨镐之前在朝鲜之役中,于蔚山战败逃跑并向朝廷隐瞒军情,但在内阁重臣的庇护下,他并未受到严肃处理,朝廷在1610年起用他为辽东巡抚。杨镐以金赫图阿拉为目标,兵分四路,准备对努尔哈赤进行分进合击。这是个不算高明的策略,再加上杨镐指挥不当,明军各路配合不力,部分将领贪功冒进,为明军的败亡埋下伏笔。

清 佚名 努尔哈赤像

据载,努尔哈赤用兵如神,是一位优秀的军事统帅,在军事谋略上、在指挥艺术上体现了高超的智慧。

面对明朝大军的进攻，努尔哈赤认为明军南、北两路道路险峻，路途遥远，难以迅速抵达，于是以"凭你几路来，我只一路去"的策略，决定将明军各个击破。努尔哈赤率先进攻明军西路，其将领杜松贪图功劳，一日内急行百里，已呈孤军深入之势。杜松盯着眼前小部金兵的同时，却不知努尔哈赤已率大军来袭。三月，金军前后夹击杜松。《明史》中记载："松兵大败，松与梦麟、宣皆殁于阵。横尸亘山野，流血成渠。"

努尔哈赤击败杜松后，又率军击败马林率领的明军北路。《清史稿》中记载："马林遁，副将麻岩战死，全军奔溃。"此时，明军东路因道路难行，仍未抵达预定位置。努尔哈赤设好埋伏，命人假扮明朝军队，引东路军进入埋伏，明军中计，东路军亦溃败。在明军三路军队皆遭遇败亡后，杨镐才命令南路的李如柏回师，但李如柏行动迟缓，被金军发现，李如柏以为金军大军来袭，率先奔逃，明军南路亦无功而返。明军战败的消息传来，京师大震。后金随后又攻克开原和铁岭，马林在开原战死。杨镐被言官交相弹劾，朝廷将其逮捕下狱，于1628年被处死。

萨尔浒之战中，努尔哈赤以少胜多，击败明朝的三路大军，明军伤亡惨重。《明史》中记载："文武将吏前后死者三百一十余人，军士四万五千八百余人，亡失马驼甲仗无算。"明朝从此丧失了辽东战场的主动权。为应付辽东军饷开支，朝廷加派赋税，称为"辽饷"。此举激化了明朝的国内矛盾，很多百姓丧失土地，成为流民，为明末农民战争的爆发埋下隐患。另外，朝鲜在战败后派使者赴金，从此不再插手明朝与后金的战争。

松锦之战——明清在辽西战场的最后一战

松锦之战始于崇祯十三年（1640年），是由清帝皇太极发动的明清之间的战略决战，历时两年，于崇祯十五年（1642年）以清军大胜告终，明朝此时已几近灭亡。

无力回天的明朝

1620年，因长期沉湎酒色，加之萨尔浒之战的打击，明神宗去世，其子朱常洛继位，是为明光宗。明光宗继位后颇有作为，他改革时弊，废除矿税；选贤任能，查补官缺；整顿边防，犒赏将士，明朝国势稍有起色。然而，因明光宗纵欲享乐，加之服用丹药，导致其在位不到一年即病逝。其子朱由校继位，是为明熹宗。明熹宗继位初期曾重用东林党人实行改革，但他很快沉迷木工，不理朝政，任由其乳母客氏与宦官魏忠贤干涉朝政。此时，朝廷内党争激烈，加之宦官为非作歹，社会矛盾激化，明朝国势急转直下。

1627年，年仅23岁的朱由校病逝，其弟朱由检继位，是为崇祯帝。崇祯帝继位后，生活节俭，勤于政事，他杀死魏忠贤，驱除宦党，调整内阁，针对明朝存在的诸多问题实行改革。但明朝此时接连遭遇灾荒，百姓流离失所，农民起义不断爆发,北方又遭遇后金和蒙古的进攻，明朝实已千疮百孔，无力回天。

清朝立国

后金在萨尔浒之战获胜后，相继攻陷沈阳、辽阳等地，席卷辽东。1626年，努尔哈赤进攻宁远，被明朝守将袁崇焕击败，这是明朝自抚顺陷落以来第一次

清　佚名　皇太极朝服像

击败金军，大大振奋了明朝的士气，明天启帝曾下旨说："此七八年来所绝无，深足为封疆吐气！"同年八月，努尔哈赤病逝，其子皇太极继位，改元天聪。次年，后金攻打朝鲜，朝鲜接连战败，只得与后金议和。五月，皇太极率军进攻宁远和锦州。明军在袁崇焕和祖大寿的率领下坚壁清野，据城固守，双方数度激战，后金攻城不下，只得退兵，史称"宁锦大捷"。《明史·袁崇焕传》中记载："大军亦旋引去，益兵攻锦州。以溽暑不能克，士卒多损伤，六月五日亦引还，因毁大、小凌河二城。时称宁、锦大捷。"

清　佚名　袁崇焕像

明末抗清名将，爱国将领。

1629年，皇太极从蒙古越过长城，直攻北京。袁崇焕与祖大寿率军回援北京，双方在广渠门外大战，后金虽然战败，但皇太极以反间计令崇祯帝杀掉袁崇焕。后金掳掠北京周边地区后北归，史称"己巳之变"。皇太极随后在后金实行改革，振兴文教，铲除异己，设立行政机构，引进红衣大炮，史称"皇太极新政"。1635年，皇太极统一漠南蒙古。次年，皇太极将族称改为"满洲"，在盛京践天子位，定国号为清，改元崇德。十一月，皇太极再度进攻朝鲜，朝鲜战败，从此成为清朝的藩属国。

松锦之战

明朝为了抵御后金的进攻，在袁崇焕等人的布置下，以山海关为后盾、以宁远为中坚、以锦州为前线，构筑了关宁锦防线。清军想要入关必须攻破山海关，而想要夺取山海关则必然攻占松山、杏山、锦州、宁远等城池，而锦州又首当其冲。

1640年，皇太极改变清军之前强行攻城的做法，派兵包围锦州，作持久战，打算迫其守将祖大寿投降。祖大寿在 1631 年大凌河之战中，曾诈降皇太极，后起兵反叛，夺回锦州。己巳之变中，袁崇焕与祖大寿救援京师，但袁崇焕被杀，令祖大寿惊惧，率军撤退。后来在孙承宗的安抚下，祖大寿回归。清军包围锦州后，城内的蒙古人发动叛乱，明军丢失外城，只得退守内城。此时，锦州粮食将尽，形势危急，崇祯帝派洪承畴、吴三桂等人率 13 万兵马支援锦州。

洪承畴本打算步步为营，且战且守，但崇祯帝和兵部尚书陈新甲催洪承畴速战速决，洪承畴只得率军出战。明朝军队虽在前期获胜，但皇太极随后带病支援锦州。他看破明军首尾不相顾的弱点，分割包围明朝大军，断其粮道，随后发动进攻。明军本可一战，但军士毫无战意，只顾奔逃，于是大败，松山失守，洪承畴降清。1642 年，被围困一年的锦州弹尽粮绝，城内人相食。祖大寿于是派人请降，他想与清军订立盟约，清军将领济尔哈朗怒曰："城旦夕可下，安用盟为？"济尔哈朗下令清军加紧攻城。次日，祖大寿率将吏出降。

松锦之战令明朝元气大伤，《清太宗实录》中记载："是役也，计斩杀敌众五万三千七百八十三，获马七千四百四十匹，甲胄九千三百四十六件。明兵自杏山，南至塔山，赴海死者甚众，所弃马匹、甲胄以数万计。海中浮尸漂荡，多如雁鹜。"明朝在辽东的防线基本崩溃，只剩下突围而出的吴三桂等人在山海关镇守。皇太极随后再度进攻蓟州等地，掳掠人口和牲畜各 30 多万后北归。

此时，明朝统治已趋于崩溃，《明季北略》中记载，1643 年正月，崇祯帝接受群臣朝贺时，竟然连人都到不齐："乃癸未年春正之朔，圣驾升殿，文班止一首辅周延儒，武班止一勋臣。……久之，来者作踉跄状，十少五六，勉成礼焉。"同年，张献忠在武昌建立大西政权。1644 年，李自成在西安建立大顺政权。三月，李自成攻破北京，崇祯帝自缢身亡，明朝灭亡。

另外，松锦之战次年，皇太极暴毙，其子爱新觉罗·福临继位，由睿亲王多尔衮摄政。1644 年，清军入关，攻占北京。九月，福临在南郊天坛祭天，随后即皇帝位，宣布"兹定鼎燕京，以绥中国"，此举标志着清王朝转化为统治全中国的中央王朝。

郑成功收复台湾之战——反对外来侵略的成功尝试

清军入关后，史可法等人在南京拥立福王朱由崧继位，改元弘光。郑成功的父亲郑芝龙本是海商兼走私集团头目，其母田川氏是日本人，是郑芝龙的第二任妻子。郑芝龙后来被南明弘光政权招降，弘光帝封其为南安伯，负责福建全省的抗清军务。1645 年，清军攻入南京，弘光帝被俘。郑芝龙与郑鸿逵两兄弟在福州拥立唐王朱聿键继位，建立隆武政权。隆武帝十分欣赏郑成功，赐其姓朱，因明朝朱姓是国姓，所以郑成功后来也被人称为"国姓爷"。

郑成功收复台湾之战，是郑成功于 1661 年发起的一场驱逐荷兰侵略者、收复中国台湾的渡海登陆作战，以胜利告终，郑成功也因此被誉为民族英雄。

郑成功抗清

面对清军的步步紧逼，郑芝龙认为南明大势已去，所以不顾郑成功的劝告，投降清朝，随即被送往北方，郑成功率部分士卒逃往金门。清军将领背信弃义，在攻打郑成功故乡时，令郑成功母亲在战乱中自缢身亡，郑成功更加决意对抗清朝。1646 年，清军俘虏隆武帝，隆武帝绝食身亡。桂王朱由榔在肇庆称帝，改元永历，延续南明政权。

郑成功在东南沿海一带继续抵抗清朝，成为南明一支重要的抗清力量。清廷多次派郑芝龙招降郑成功，均被郑成功拒绝。《清史稿》中记载："上命芝龙书谕成功及鸿逵降，许赦罪授官……使至，成功不受命……檄招降，不纳……上又令芝龙自狱中以书招成功，谓不降且族诛，成功终不应。"1658 年和1659 年，郑成功率大军两度北伐，虽取得一定成果，但在清军的反扑下，在南京之战中遭遇大败。郑成功意识到己方军队不擅长陆战，于是改变策略，改为寻找据点对抗清军。

收复台湾

此时，台湾被荷兰东印度公司占据。1655年，郑成功北伐前曾下令禁止大陆沿海港口与荷兰人通商。荷兰人派客家人何斌与郑成功讨论通商事宜，何斌本是郑芝龙部将，又对荷兰人占领台湾不满，于是趁机将台湾各方面的情况告诉郑成功，并劝郑成功收复台湾，因郑成功准备北伐而未能成行。

清　胡锡珪　郑成功像

明末清初军事家、抗清名将、民族英雄，因蒙隆武帝赐明朝国姓"朱"，赐名成功，并封忠孝伯，世称"郑赐姓""郑国姓""国姓爷"，又因蒙永历帝封延平王，称"郑延平"。

郑成功北伐失败后，何斌也与荷兰人分道扬镳，他逃出台湾，投奔郑成功。《台湾外记》中记载，何斌对郑成功说："台湾沃野数千里，实霸王之区。若得此地，可以雄其国；使人耕种，可以足其食……移诸镇兵士眷口其间，十年生聚，十年教养，而国可富，兵可强，进攻退守，真足与中国抗衡也。"郑成功于是有收复台湾之意。1660年，郑成功在厦门之役击败清军将领达素率领的4万水军后，与诸将商讨攻台事宜。郑军将领多不愿去台湾，但又不好反对，最终在郑成功的坚持下，郑军决定攻台。

1661年，郑成功在金门誓师，发兵攻台。郑军随后横渡台湾海峡，进驻澎湖列岛。在郑成功北伐失败后，荷兰方就曾收到郑成功可能攻台的消息。东印度公司荷兰长官揆一下令紧急备战，加强警戒；软禁乡绅，防其通敌；烧毁田间未及收割的粮食。当时可由南北两条航道进入台湾，南航道口宽水深，

清　佚名　郑成功弈棋图

此图中，郑成功手中拿着一颗棋子，举重若轻。当时的郑成功，在与清军的对抗中，取得了泉州大捷，所以画中的他很是开心，面带微笑。

最易航行，但也是荷兰人重点防守的区域。荷兰人再次修筑了台湾、赤嵌两座城，并在此部署了大量炮台。而北面的鹿耳门航道水浅难行，在不涨潮的情况下，只能容小舟通过，荷兰人遂不在此设防。但何斌投靠郑成功之前，已测量过鹿耳门的水道，他向郑成功献了一份地图，指示郑军如何绕过荷兰的防守进入台湾。

明　佚名　郑成功像

四月，郑成功趁涨潮率郑军从鹿耳门通过，随即兵分两路：一路在北线尾牵制荷兰战船，另一路向禾寮港进发。在台湾民众的帮助下，郑军在禾寮港成功登陆。荷兰面对突然出现的郑军猝不及防，郑军迅速包围红毛城。在台湾城固守的揆一，一方面派军进攻北线尾，另一方面派军支援红毛城，但其两路军队皆被郑军击败。此后，揆一再无力派出援军。红毛城外无援军，水源又被郑军切断，只得投降。郑军占领红毛城后，又将台湾城包围。台湾城的揆一据城固守，双方陆续零星交战。此时，荷兰派军增援台湾，还试图联合清军夹击郑军。郑成功闻讯后，对台湾城的策略由围困转为进攻。1662 年一月，在郑军炮火的猛攻下，荷军死伤 1600 余人，弹尽粮绝，城中疾疫流行。揆一走投无路，向郑军投降。郑成功收复台湾，结束了荷兰人长达 38 年的殖民统治。

郑成功驱逐荷兰殖民者，收复台湾，维护了中国的主权和领土完整。他随后在台湾实行屯田，分定职官，兴办学校，促进了台湾的发展。1662 年五月，郑成功去世，其子郑经发动政变，击败郑成功之弟郑袭夺取爵位。1681 年，郑经去世，其子郑克塽继位。两年后，清军将领施琅率兵攻台，郑克塽降清。1684 年，台湾正式纳入清朝版图，隶属福建省。

三藩之乱——大清皇权稳固之战

　　1661 年，顺治帝去世，其子爱新觉罗·玄烨继位，改元康熙。因康熙帝年幼，顺治帝遗诏命索尼、苏克萨哈、遏必隆、鳌拜四位大臣共同辅政。但很快这四位大臣就开始内斗，其中又以鳌拜最为跋扈擅权。1667 年，索尼病逝。同年，康熙帝亲政。鳌拜擅自杀死苏克萨哈并控制朝政，对康熙帝的统治构成严重威胁。1669 年，康熙帝趁鳌拜觐见时将其逮捕，随后将其囚禁，诛杀其党羽，并削去遏必隆的爵位。从此，康熙帝掌握了朝政大权。同年，鳌拜在禁所去世。

　　康熙在擒鳌拜后，便着手"平三藩"，"三藩"指的是平西王吴三桂、平南王尚可喜以及靖南王耿精忠。因"平三藩"的决定，爆发了"三藩之乱"，康熙皇帝沉着应对，最终造反的吴氏被剿灭，耿精忠、尚之信归顺清廷，历时 8 年的三藩之乱宣告结束。

三藩的威胁

　　康熙帝掌握朝政之后，继续着手解决困扰清廷多年的三藩问题。《清圣祖实录》中记载："朕听政以来，以三藩及河务、漕运为三大事，夙夜厪念，曾书而悬之宫中柱上。"

　　清朝入关后，其力量还不足以平定天下，面对蜂拥而起的起义军和南明势力，清廷需要借助一些原明朝将领对其进行镇压。这类问题在南方显得尤为突出，清军建都北京后，忙于巩固北方的统治，无力大规模南征，于是封吴三桂为平西王，镇守云南，兼辖贵州；尚可喜封平南王，镇守广东；耿仲明封靖南王，镇守福建，耿仲明死后，其子耿继茂袭封，1671 年，耿继茂去世，其子耿精忠袭爵。当时的人称这三股势力为"三藩"。

吴三桂像

明末清初政治、军事人物，锦州总兵吴襄之子，祖大寿外甥。

尚之信像

1676 年，尚之信在广州危急之下，发兵围困其父府邸，投降吴三桂叛军。

耿精忠像

1673 年，清廷下诏撤"三藩"，耿精忠反，自称总统兵马大将军，蓄发恢复衣冠，与吴三桂合兵入江西，被清军镇压，遂降。

三藩之中，以平西王吴三桂的势力最为强大，在他刚刚镇守云贵地区的时候，清廷曾准许其便宜行事。所以，吴三桂除执掌地方军政大权外，还控制着地方的财政赋税、官员任免。吴三桂早有不轨之心，他在云南大兴土木、圈占民田、开矿铸钱、操练兵马，还与蒙古、西藏结成同盟。吴三桂大量扶植自己的党羽上位，当时的陕西提督、贵州提督、四川总兵、云南总兵等，均为吴三桂的部将。清廷对吴三桂的举动早有察觉，并采取了一系列反制措施。1663 年，清廷收缴吴三桂的平西大将军印信，又限制了他任用官员的权力。1667 年，清廷剥夺了吴三桂的司法特权。吴三桂对此大为不满，以扩充军队，向朝廷索要军饷作为报复，双方的矛盾日益激化。

至于三藩中的另外两人，耿精忠虽不如吴三桂般嚣张跋扈，亦所差无几，只有尚可喜对清朝比较忠心。但到康熙帝亲政时，尚可喜已 70 多岁，年迈多病，其子尚之信酗酒嗜杀。尚可喜怕尚之信袭爵之后拥兵自重，为家族招来灾祸，于是打算让次子尚之孝继承爵位。这令尚之信极为不满，尚之孝亦畏惧尚之信，上书推辞爵位。

三藩之乱

1673 年，尚可喜上疏请求返回辽东养老，令其子尚之信继续镇守广东。康熙帝认为尚之信跋扈难制，而且藩镇长期手握重兵，会对朝廷造成威胁，于是决定撤藩。康熙帝同意尚可喜回辽东养老，但不同意尚之信继续镇守广东，并下令撤销广东藩镇。《清史稿》中记载："三月丁丑，上视麦。壬午，平南王尚可喜请老，许之；请以其子之信嗣封镇粤，不许，令其撤藩还驻辽东。"如此一来，另外两个藩王吴三桂与耿精忠的处境就比较尴尬。七月，吴三桂与耿精忠相继上表请求撤藩。二人上表撤藩只是形势所迫，并非出于真心，同时也含试探朝廷之意。康熙帝对吴三桂等人的心思一清二楚，朝廷内对于是否撤藩产生很大分歧，但最终康熙帝认为三藩"撤亦反，不撤亦反"，不如先发制人，于是康熙帝下诏撤藩，并派遣使者赴各藩镇商讨撤藩事宜。

清　佚名　康熙帝读书像

康熙帝自幼便广泛学习汉族传统文化知识，《康熙帝读书像》轴为观者展示了大有作为的君主勤勉苦读的一面。

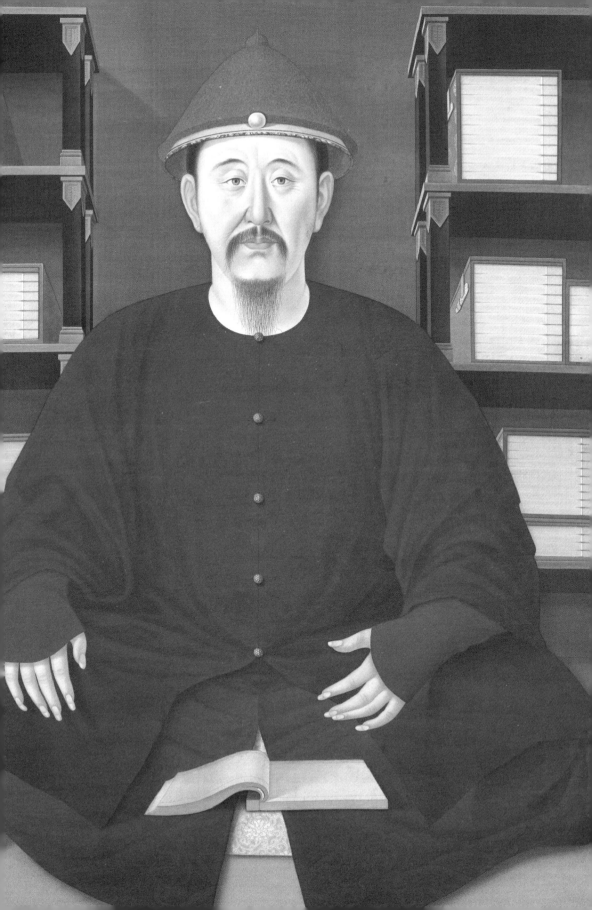

清廷撤藩的决定令吴三桂大失所望，1673年十一月，吴三桂杀云南巡抚朱国治，自称天下都招讨兵马大元帅，提出"兴明讨虏"的口号，下令蓄发易衣，起兵造反，其党羽云南提督张国柱、贵州巡抚曹申吉、提督李本深等人也随之反叛。叛军迅速攻陷云南、贵州、四川、湖南等多个地区，很多汉人和少数民族吐司亦起兵支持吴三桂。1674年，耿精忠在福州以"复明"为口号，令官民剪辫留发，衣服巾帽悉依明制，起兵反叛，进攻浙江、江西，并联合台湾的郑经进攻广东。此时，三藩之中只有尚可喜坚持忠于清朝，守卫广东。但1676年，其子尚之信发动兵变，包围尚可喜府邸，夺取兵权，接受吴三桂"招讨大将军"之伪号，进攻清军大营。尚可喜惊怒交加，于同年去世。

面对三藩咄咄逼人的攻势，康熙帝采用分化瓦解的策略，派清军主力进攻吴三桂，对耿精忠和尚之信则大力招降与安抚。此时叛军内部亦矛盾重重，耿精忠与台湾的郑经为争夺广东而交战，吴三桂向尚之信索要军饷，并占领其要冲，这引发尚之信不满。

1676年，清军在平凉击败王辅臣，王辅臣降清，战局开始扭转。同年，清军攻破仙霞关，进入福建，耿精忠面对清军大军压境，出城投降，随后获准将功赎罪，助清廷攻打郑经和尚之信。十二月，尚之信亦请降，获准。《清史稿》中记载："五月己卯，尚之信降，命复其爵，随大军讨贼。"

耿精忠和尚之信降清后，吴三桂陷入孤军作战的地步，他采用死守长沙、进攻江西和两粤的策略，继续与清军对抗。1678年，吴三桂为鼓舞士气，在衡州称帝，国号周，随后大封诸将。在进军江西失败后，吴三桂改攻两粤，多次击败清军，占领大片土地。清军在北部岳州亦未能击败吴三桂叛军。但八月，吴三桂病死，令其部队军心大乱，其孙吴世璠继位。清军趁机发动进攻，相继收复湖南、广西、贵州、四川等地，吴世璠等人退居云贵。1681年，清军攻破昆明，吴世璠自杀，三藩之乱平定。《清史稿》中记载："王师于十月二十八日入云南城，吴世璠自杀，传首，吴三桂析骸，示中外，诛伪相方光琛，余党降，云南平。"

尚之信在投降清朝后，仍拥兵自重，观望局势，对清廷多次下达的平叛命令置之不理。1680年，尚之信被捕，随后被赐死。耿精忠因尚蓄逆谋，于1680年在觐见时被抓，随后被革职下狱。1682年，耿精忠被凌迟处死。

清统一准噶尔之战——维护大清统一的正义战争

康熙帝平定三藩之乱，扫除了地方割据势力的威胁，维护了国家的统一和清朝政局的稳定。1684年台湾被纳入清朝版图后，清朝南部的疆域基本安定，但此时清朝北面依然存在着威胁。

清统一准噶尔之战，又称准清战争，是康乾时期为了统一西北地区，与准噶尔贵族进行的多次战争，历时近70年，最后以清政府的胜利告终。

蒙古局势

清朝时，蒙古分裂为漠南蒙古、漠北喀尔喀蒙古和漠西厄鲁特蒙古三大部。其中，漠北喀尔喀蒙古又分为扎萨克图、土谢图、车臣三部；漠西厄鲁特蒙古内部分为准噶尔、和硕特、杜尔伯特、土尔扈特四部。清军入关之前，漠南蒙古就已归附清朝，漠北喀尔喀蒙古和漠西厄鲁特蒙古各部也与清朝保持着往来。

17世纪时，漠西蒙古的准噶尔部崛起，迫使土尔扈特部和杜尔伯特部、和硕特部的一部分向西迁移，还夺取剩余部落的领地。1670年，准噶尔部发生内乱，噶尔丹趁机回国，消灭政敌，掌握大权。1672年，清政府承认噶尔丹的部落领袖地位。1678年，噶

噶尔丹像

噶尔丹是17世纪后半叶蒙古社会发展中的代表人物，对蒙古各部的统一、促进蒙古社会的向前发展奠定了基础。

尔丹建立准噶尔汗国，随后开始南征北讨，向外扩张。

1684 年，漠北蒙古的札萨克图部发生内乱，部分属民逃往土谢图部。札萨克图部新任首领成衮即位后，要求土谢图汗归还其属民，被土谢图汗察珲多尔济拒绝，双方由此产生裂痕。1686 年，成衮去世，他的儿子沙喇继位。次年，噶尔丹和沙喇结盟，一起对抗土谢图汗。土谢图汗察珲多尔济率先下手，进攻札萨克图汗部，杀死沙喇，噶尔丹的胞弟亦被杀，噶尔丹遂以此为借口，进攻喀尔喀蒙古。在沙皇俄国的唆使下，噶尔丹想要趁机吞并喀尔喀蒙古。土谢图汗察珲多尔济不敌噶尔丹，于是率部南迁投降清朝，并请求清朝发兵援助。噶尔丹以追击喀尔喀蒙古为借口，南下劫掠漠南蒙古，兵峰直指北京。

康熙帝三征噶尔丹

康熙帝一面派人谴责噶尔丹，一面整军备战。《清圣祖实录》中记载，清廷向俄国使臣警告说："噶尔丹迫于内乱，食尽无归，内向行劫，今仍扬言会汝兵同侵喀尔喀，喀尔喀已归顺本朝，倘误信其言，是负信誓而开兵端也。"噶尔丹不理清朝的警告，继续用兵，康熙帝遂决定亲征噶尔丹。1690 年，清军与噶尔丹在乌兰布通峰交战，噶尔丹以骆驼围成"驼城"抵御清军，清军用大炮猛烈轰击噶尔丹，双方展开多次肉搏，最终噶尔丹败退。噶尔丹退至科布多重整旗鼓，并向沙俄求助，准备再度进攻喀尔喀蒙古。康熙帝整顿归降的漠北蒙古诸部，装备火器，训练士兵，并调集大量辎重备战。1695 年，噶尔丹率骑兵 3 万劫掠车臣部，随后宣称从俄罗斯借兵 6 万，再度率军南下。康熙帝再度亲征噶尔丹，命清朝 10 万大军兵分三路，夹击噶尔丹。双方在昭莫多交战，清军再次获胜，噶尔丹仅率数骑逃遁。《清史稿》中记载："抚远大将军伯费扬古大败噶尔丹于昭莫多，斩级三千，阵斩其妻阿奴。噶尔丹以数骑遁。"昭莫多之战对清朝意义重大，噶尔丹遭遇大败后，部众逃往，食用匮乏，再无力进攻清朝。1697 年，康熙帝再次亲征噶尔丹，此时噶尔丹的根据地伊犁已被其侄策妄阿拉布坦占据，沙皇俄国亦将噶尔丹视为包袱，拒绝提供援助，噶尔丹走投无路，自杀身亡。

噶尔丹死后，策妄阿拉布坦成为准噶尔汗国的首领。策妄阿拉布坦与沙俄结盟，继续骚扰清朝边境，并妄图控制西藏。1718 年，准噶尔进攻西藏，杀死拉藏汗。康熙帝命皇十四子爱新觉罗·胤禵为抚远大将军，率军进入西藏平叛。清军一路势如破竹，直捣拉萨，准噶尔部被从西藏驱逐，清政府为加强对西藏的统治，开始派兵驻藏。

雍正朝与准噶尔的战斗

1722 年，康熙帝去世，其子爱新觉罗·胤禛继位，于 1723 年改元雍正。同年，硕特蒙古首领罗卜藏丹津在青海发动叛乱，雍正帝派年羹尧、岳钟琪等人将其平定，罗卜藏丹津逃往准噶尔。1729 年，策妄阿拉布坦去世，其子噶尔丹策零继位。噶尔丹策零在沙俄的支持下，继续与清朝对抗。同年，清廷决定派北、西两路军队进攻准噶尔，由傅尔丹统帅北路清军、岳钟琪统帅西路清军。噶尔丹策零闻讯后，假意送出罗卜藏丹津与清朝议和，令清朝暂缓出兵。随后，他带兵进攻清朝西路军，在科舍图之战中大败清军。1731 年，噶尔丹策零率大军进攻清朝北路军，以诱敌之计令清军出城交战，结果清军大败，十多位将领战死，阵亡 8000 多人。《清史稿》中记载："是役也，轻进中伏，傅尔丹弃大军先退，至于大败。副将军查弼纳、公巴赛、参赞公达福等均死之。"1732 年，获胜的噶尔丹策零趁势进攻喀尔喀蒙古，清军蒙古族将领、额附策棱救援不及，于是率军奔袭准噶尔军营，大破准噶尔部，《清史稿》中记载："策棱伏起自山下，如风雨至，斩万余级，谷中尸为满，获牲畜、器械无算。"准噶尔部卒争相逃亡，在渡河时又被清军截击，死伤无数。准噶尔部经此一役后，元气大伤，派人与清廷议和，清朝经过数次大战亦财政紧缺，于是双方议和。

平定准噶尔

1735 年，雍正帝去世，其子爱新觉罗·弘历继位，次年改元乾隆。直到乾隆帝继位，清朝与准噶尔之间的议和方才完成谈判，规定两大帝国以漠北杭爱山为界，以东属清，以西属准噶尔。1745 年，噶尔丹策零去世，其子策妄多济那穆扎勒即位，称为阿占汗。他年少荒唐，不理政务，准噶尔汗国随后陷

清　郎世宁　雍正朝服像　此图用笔工整精致，色彩华丽鲜艳，人物神态端庄威严，是宫廷画家精心创作的皇帝肖像画。

清 郎世宁 乾隆皇帝大阅图

鄂垒扎拉图之战

以诚取诈敌相
轻哈萨绕廻诵
袤生戍己驰营
携少卒幢畅然
賷阻前程直何
畏由中宵出一
可当千众贼惊鸶
竟得全师连揺
骑整军復入大
功成
丙戍新春補咏
澣筆

清　郎世宁　平定准部回部得胜图·鄂垒扎拉图之战

306

清　郎世宁　平定准部回部得胜图·通古思鲁克之战

通古里魯克
之戰
兩面菌苔圍
莎車淳地辰
恩庶剪除赤
霍蜂走助白
聖偉如糧頎
庇榮如渡河
騎來五百耳
肯部賊將二
苟飯守壘亮
同援兵返忠
等集

清　郎世宁　平定准部回部得胜图·凯宴成功诸将士

入长期内乱。

1752年，阿睦尔撒纳与达瓦齐联手杀死喇嘛达尔扎汗，达瓦齐登上汗位。但达瓦齐登位后荒淫暴虐，没有满足阿睦尔撒纳的要求，分给其领地，阿睦尔撒纳随后反叛，双方开战。1754年，阿睦尔撒纳战败，率2万人投降清朝。次年，乾隆帝认为平定准噶尔的时机已到，于是调集5万精兵、14万匹战马，以阿睦尔撒纳为向导，兵分两路，攻打准噶尔，达瓦齐战败被俘。阿睦尔撒纳野心渐长，想要统治厄鲁特蒙古四部，随后发动叛乱，清军再度派兵征讨准噶尔。次年，阿睦尔撒纳战败逃往俄国，于同年病逝，清军平定准噶尔。

清朝平定准噶尔的战争从1688年到1758年，共经历三朝，持续近70年。它巩固了西北边陲，维护了民族团结和国家统一，打击了沙俄侵略中国的野心，对后世中国统一的多民族国家的形成具有重要意义。

图书在版编目（CIP）数据

古代战争：重现金戈铁马的史诗画卷 / 陈长连著
. -- 北京：台海出版社，2024.1
ISBN 978-7-5168-3695-8

Ⅰ.①古… Ⅱ.①陈… Ⅲ.①战争史—研究—中国—
古代 Ⅳ.① E291

中国国家版本馆 CIP 数据核字（2023）第 201948 号

古代战争：重现金戈铁马的史诗画卷

著　　者：陈长连

出 版 人：蔡　旭　　　　　　　　封面设计：新华尤品
责任编辑：赵旭雯　　　　　　　　版式设计：马宇飞

出版发行：台海出版社
地　　址：北京市东城区景山东街 20 号　　邮政编码：100009
电　　话：010-64041652（发行，邮购）
传　　真：010-84045799（总编室）
网　　址：www.taimeng.org.cn/thcbs/default.htm
E - m a i l：thcbs@126.com

经　　销：全国各地新华书店
印　　刷：三河市嘉科万达彩色印刷有限公司
本书如有破损、缺页、装订错误，请与本社联系调换

开　　本：710 毫米 × 1000 毫米　　1/16
字　　数：305 千字　　　　　　　　印　　张：20.5
版　　次：2024 年 1 月第 1 版　　　印　　次：2024 年 4 月第 1 次印刷
书　　号：ISBN 978-7-5168-3695-8

定　　价：68.00 元